ケーススタディ

50

[書籍版]
上司のハラスメント
職場からグレーゾーンをなくす！

監修：河西 知一（特定社会保険労務士）
　　　小宮 弘子（特定社会保険労務士）
企画協力：株式会社プロネクサス

JN076719

contents

第4章 ケーススタディ
セクハラのグレーゾーン

第5章　ケーススタディ
マタハラのグレーゾーン

● ケースの構成説明

本書では、さまざまなグレーゾーンのケーススタディを通して、「ハラスメント感覚」を養っていくことを目的としています。ケーススタディの構成は以下の通りです。

イラストと場面説明の文章を読んで、シチュエーションをイメージしてください。

自分なりの考えを書き込んでください。書き込んでから次ページの解説を読むとハラスメントの理解が一層深まります。

ケースの解説ページです。とくに重要なポイントに絞った解説になっており、より効果的なグレーゾーン回避・防止のポイントを学習できます。

第 1 章

ハラスメントの
基礎知識

ハラスメントを職場からなくすために

● 上司に求められるハラスメント対策

　ハラスメントは、企業で働く私たちにとって避けて通れない重大な問題です。

　相手に暴力を振るう、暴言を吐くなどのパワーハラスメント。相手の体を触る、性的な発言をするといったセクシュアルハラスメント。妊娠、出産、育児、介護などに関連したハラスメント（いわゆるマタハラ）など、さまざまなハラスメントが職場には存在します。

　最近では、「リモートハラスメント」や「モラルハラスメント」などの言葉も生まれ、その数は数十にもおよんでおり、ハラスメントは現代社会でもっとも注目されているテーマのひとつといえます。

　ひとたび、ハラスメントに関するトラブルが起こると、働く人の能力発揮の妨げになるほか、ハラスメント被害者のメンタルダウンや人権侵害、裁判になった場合の損害賠償、職場の人間関係の悪化、貴重な人材の流出など、職場にはさまざまな悪影響が生まれることになります。また、世間から激しくバッシングされ、経営に深刻なダメージを受けることも少なくありません。

　ハラスメントは働くすべての人が関わる問題であり、コンプライアンスの観点からも、企業のリスクマネジメントの観点からも対策が求められます。

　しかし、ハラスメントは職場からなくなるどころか、まだまだ減る気配が見えないのが現状です。注目が高まっているにもかかわらず、依然として職場にはさまざまなハラスメントが存在しているのです。

　職場を預かる上司には、先頭に立って職場からハラスメントをなくしていく取り組みが求められます。そのための第一歩がハラスメントについての知識を得ることです。そこで、セクハラ、パワハラ、マタハラのそれぞれについて、基礎的な知識を学習していきましょう。

パワーハラスメントの基礎知識

● パワーハラスメントとは

　労働施策総合推進法[※]では、職場におけるパワーハラスメントについて事業主に防止措置を講じることを義務づけています。あわせて、事業主に相談したことなどを理由とする不利益な取扱いも禁止しています。

　まず、パワハラの定義について見ていきましょう。

※労働施策の総合的な推進並びに労働者の雇用の安定及び職業生活の充実等に関する法律

＜労働施策総合推進法（抄）＞

（雇用管理上の措置等）

第三十条の二　事業主は、職場において行われる優越的な関係を背景とした言動であって、業務上必要かつ相当な範囲を超えたものによりその雇用する労働者の就業環境が害されることのないよう、当該労働者からの相談に応じ、適切に対応するために必要な体制の整備その他の雇用管理上必要な措置を講じなければならない。

2　事業主は、労働者が前項の相談を行ったこと又は事業主による当該相談への対応に協力した際に事実を述べたことを理由として、当該労働者に対して解雇その他不利益な取扱いをしてはならない。

　ここでは、パワハラは「職場において行なわれる①優越的な関係を背景とした言動であって、②業務上必要かつ相当な範囲を超えたものにより、③労働者の就業環境が害されるものであり、①から③までの三つの要素をすべて満たすもの」と定義されています。

　なお、業務指示や指導とパワハラは境界線があいまいですが、「客観的に見て、業務上必要かつ相当な範囲で行なわれる適正な業務指示や指導」については、パワハラには該当しないとされています。

　また、「職場」「労働者」についても、言葉の指す内容が具体的に提示されています。

職場

　職場とは、業務を遂行する場所を指し、オフィスはもちろん、移動中の車内や取引先、テレワークをしている場所なども「職場」に含まれます。また、通勤中や就業後の懇親の場などであっても、仕事上の人間関係などから実質的に職務の延長と考えられるものも職場に該当します。

　ただし、その判断に当たっては、職務との関連性、参加者、参加や対応が強制的か任意かということを考慮して個別に行なう必要があります。

労働者

　正規雇用労働者のみならず、パートタイム労働者、契約社員などの非正規雇用労働者を含めて、企業が雇用するすべての労働者のことです。

　また、派遣労働者については、派遣元企業だけでなく、派遣先企業も、直接雇用する労働者と同様に、措置を講じる必要があります。

　次に、具体的にどのような言動がパワハラに該当するのか、定義を紐解きながら確認していきましょう。パワハラは、次の①から③までの三つの要素をすべて満たすものです。

①優越的な関係を背景とした言動

　言動を受ける側と行為者の間の、抵抗や拒絶ができない関係を背景とした言動です。上司と部下の関係が代表的ですが、それ以外にも以下のような関係性による言動なども該当します。

例

・職務上の地位が上位の人による言動
・同僚や部下による言動で、業務上必要な知識や豊富な経験を持っていてその人の協力を得なければ円滑な業務の進行が困難であるもの
・同僚または部下からの集団による行為で、これに抵抗または拒絶することが困難であるもの

②業務上必要かつ相当な範囲を超えた言動

社会常識から見た場合に、その言動が仕事を進めるうえで必要のない、またはその態様が相当でない言動を指します。

例

・業務上、明らかに必要性のない言動
・業務の目的を大きく逸脱した言動
・業務を遂行するための手段として不適当な言動
・言動の回数、行為者の数など、その態様や手段が社会常識的に許容される範囲を超える言動

ただし、この判断に当たっては、言動の目的、言動を受けた人の問題行動の有無や内容、それぞれの経緯や状況、業種、業態、業務の内容・性質、その言動の態様・頻度・継続性、被害者の属性（経験年数や年齢など）、行為者との関係性など、さまざまな要素を総合的に考慮することが必要です。

なお、言動を受ける側に著しい問題行動があった場合でも、本人の人格を否定するような言動など、業務上必要かつ相当な範囲を超えた言動があれば、当然、パワハラになる可能性が高まります。

③就業環境が害される状態

行為者の言動により、労働者が身体的または精神的に苦痛を与えられ、就業環境が不快なものとなったために、能力の発揮に重大な悪影響が生じるなどの仕事のうえで看過できない程度の支障が生じた状態のことです。

この判断に当たっては、「平均的な労働者の感じ方」を基準にすることが適当だとされています。また、言動の頻度や継続性はパワハラの判断の重要な要素ですが、身体的、あるいは精神的に強い苦痛を与える言動は、たとえ一回であっても就業環境を害したと見なされる場合があります。

これらの①から③までの要素を満たすものがパワハラですが、実際には案件ごとに状況が異なります。そのため、案件ごとに個別に精査して判断しなければならないとされています。

● パワーハラスメントになる言動、ならない言動

パワハラのケースは非常に多様で一様に判断することはできません。しかし、代表的な言動の例を知っておくことは、パワハラ防止や対策に有効です。厚生労働省では、パワハラの典型例を六つの類型に整理し、類型ごとにパワハラに該当すると考えられる例、あるいはパワハラに該当しないと考えられる例をまとめています。

（1）身体的な攻撃（暴行・傷害）

該当すると考えられる例

①殴打、足蹴りを行なう

②相手に物を投げつける

該当しないと考えられる例

①誤ってぶつかる

（2）精神的な攻撃（脅迫・名誉棄損・侮辱・ひどい暴言）

該当すると考えられる例

①人格を否定するような言動を行なう、相手の性的指向・性自認に関する侮辱的な言動を含む

②業務の遂行に関する必要以上に長時間にわたる厳しい叱責を繰り返し行なう

③他の労働者の面前における大声での威圧的な叱責を繰り返し行なう

④相手の能力を否定し、罵倒するような内容の電子メールなどを当該相手を含む複数の労働者宛てに送信する

該当しないと考えられる例

①遅刻など社会的ルールを欠いた言動が見られ、再三注意してもそれが改善されない労働者に対して一定程度強く注意をする

②その企業の業務の内容や性質などに照らして重大な問題行動を行なった労働者に対して、一定程度強く注意をする

（3）人間関係からの切り離し（隔離・仲間外し・無視）

該当すると考えられる例

①自身の意に沿わない労働者に対して、仕事を外し、長期間にわたり、別室に
　隔離したり、自宅研修をさせたりする

②一人の労働者に対して同僚が集団で無視をし、職場で孤立させる

該当しないと考えられる例

①新規に採用した労働者を育成するために短期間集中的に別室で研修などの教
　育を実施する

②懲戒規定にもとづき処分を受けた労働者に対し、通常の業務に復帰させるた
　めに、その前に、一時的に別室で必要な研修を受けさせる

（4）過大な要求（業務上明らかに不要なことや遂行不可能なことの強制・仕
　　事の妨害）

該当すると考えられる例

①長期間にわたる、肉体的苦痛を伴う過酷な環境下での勤務に直接関係のない
　作業を命ずる

②新卒採用者に対し、必要な教育を行なわないまま到底対応できないレベルの
　業績目標を課し、達成できなかったことに対し厳しく叱責する

③労働者に業務とは関係のない私的な雑用の処理を強制的に行なわせる

該当しないと考えられる例

①労働者を育成するために現状よりも少し高いレベルの業務を任せる

②業務の繁忙期に、業務上の必要性から、当該業務の担当者に通常時よりも一
　定程度多い業務の処理を任せる

（5）過小な要求（業務上の合理性なく能力や経験とかけ離れた程度の低い仕
　　事を命じることや仕事を与えないこと）

該当すると考えられる例

①管理職である労働者を退職させるため、誰でも遂行可能な業務を行なわせる

②気に入らない労働者に対して嫌がらせのために仕事を与えない

該当しないと考えられる例
①労働者の能力に応じて、一定程度業務内容や業務量を軽減する

（6）個の侵害（私的なことに過度に立ち入ること）

該当すると考えられる例
①労働者を職場外でも継続的に監視したり、私物の写真撮影をしたりする
②労働者の性的指向・性自認や病歴、不妊治療などの機微な個人情報について、当該労働者の了解を得ずに他の労働者に暴露する

該当しないと考えられる例
①労働者への配慮を目的として、労働者の家族の状況などについてヒアリングを行なう
②労働者の了解を得て、当該労働者の機微な個人情報について、必要な範囲で人事労務部門の担当者に伝達し、配慮を促す

　以上の六つの類型が代表的なパワハラの例です。パワハラを考え、防止するうえで参考になりますが、実際にはこれらに当てはまらないケースのほうが多いでしょう。認定には、その言動の経緯やその場の状況、人間関係など、あらゆる要素を総合的に判断することが求められます。

セクシュアルハラスメントの基礎知識

●セクシュアルハラスメントとは

　男女雇用機会均等法第十一条では、職場におけるセクシュアルハラスメントについて、事業主に防止措置を講じることを義務づけています。

　まず、どのような言動がセクハラになるのか、定義から見ていきましょう。

＜男女雇用機会均等法（抄）＞

（職場における性的な言動に起因する問題に関する雇用管理上の措置等）

　第十一条　事業主は、職場において行われる性的な言動に対するその雇用する労働者の対応により当該労働者がその労働条件につき不利益を受け、又は当該性的な言動により当該労働者の就業環境が害されることのないよう、当該労働者からの相談に応じ、適切に対応するために必要な体制の整備その他の雇用管理上必要な措置を講じなければならない。

　2　事業主は、労働者が前項の相談を行ったこと又は事業主による当該相談への対応に協力した際に事実を述べたことを理由として、当該労働者に対して解雇その他不利益な取扱いをしてはならない。

　3　事業主は、他の事業主から当該事業主の講ずる第一項の措置の実施に関し必要な協力を求められた場合には、これに応ずるように努めなければならない。

　ここでは、セクハラは「職場において行なわれる、労働者の意に反する性的な言動に対する労働者の対応により、その労働者が労働条件について不利益を受けたり、性的な言動により就業環境が害されたりすること」と定義されています。

　セクハラにおける「職場」「労働者」が指す内容はパワハラと同じです。ここでは「性的な言動」について具体的な内容を見ていきましょう。

＜性的な言動＞

①性的な内容の発言

　・性的な事実関係を尋ねること

　・性的な内容の情報（噂）を流布すること

　・性的な冗談やからかい

　・食事やデートへの執拗な誘い

　・個人的な性的体験談を話すこと　　　　など

②性的な行動

　・性的な関係を強要すること

　・必要なく身体へ接触すること

　・わいせつ図画を配布・掲示すること

　・強制わいせつ行為　　　　　　　　　　など

　これらの言動が、性的な言動としてセクハラになりますが、行為者と被害者の関係は、男性から女性だけではない点にも注意が必要です。女性から男性への言動、あるいは同性同士間での言動もセクハラに該当します。

　加えて、被害を受ける人の性的指向や性自認にかかわらず、行為者の言動が性的なものであれば、セクハラになる点も知っておく必要があります。

　また、性的な言動を行なう者は、役員、上司、同僚にかぎらず、取引先などの他の事業主またはその雇用者、顧客、患者またはその学校における生徒なども行為者になり得ることにも留意しましょう。

● セクハラの種類

　厚生労働省では、セクハラを大きく二つの種類に分類しています。どういった言動がどのセクハラに当たるのか、という観点もセクハラ防止に必要な視点です。

（1）対価型セクシュアルハラスメント

　労働者の意に反する性的な言動に対して、労働者が拒否や抵抗したことで、その労働者が解雇、降格、減給、契約更新の拒否、昇進などからの除外、客観的に見て不利益な配置転換などの不利益を受けることです。

　たとえば、次のようなケースが対価型セクハラの典型例です。

・性的な関係を拒否した労働者を解雇する
・出張中の車内で身体的な接触を抵抗され、不利益な配置転換をする
・性的な発言を抗議され、降格する

（2）環境型セクシュアルハラスメント

　労働者の意に反する性的な言動により、労働者の就業環境が不快なものになったため、能力の発揮に重大な悪影響が生じるなど、その労働者が就業するうえで看過できない程度の支障が生じることです。

　たとえば、次のような例が環境型セクハラの典型例です。

・身体的な接触に苦痛を感じてモチベーションが低下する
・性的な情報を職場に広められ、苦痛を感じて仕事ができなくなる
・職場のパソコンでアダルトサイトを公然と閲覧し、周囲の人が不快に感じて
　仕事に支障が出る

◉ セクハラの判断基準

　セクハラのケースは多様です。一様な判断をするのではなく、個別の状況を慎重に精査することが求められます。その際の判断の基準についても、厚生労働省の指針で言及されています。

　まず、セクハラの判断に当たっては、企業の防止措置の観点から、一定の客観性が必要とされています。一方で、男女の認識の違いも考慮すると、被害者が女性の場合は「平均的な女性の感じ方」を、被害者が男性の場合は「平均的な男性の感じ方」を基準とすることが適当とされています。

◉ 社外の人への対応

　セクハラは、社内の関係の中で起こるものだけとはかぎりません。取引先の担当者などとの間でもセクハラ問題が数多く発生しています。

　ところが、利害関係への懸念が先立ち、実際は泣き寝入りになっていたケースも少なくありませんでした。そこで、男女雇用機会均等法では、他社の社員へのセクハラについても次の対応を求めると言及しています。

・他社の社員から自社の社員がセクハラを受けた場合、企業は適切に相談対応する
・自社の社員からセクハラを受けたと他社から報告があり、事実確認や再発防止などの対応協力を求められた場合、応じるよう努める

　また、上記の趣旨から、他社からセクハラに関する言及があったとしても、その企業との契約を解除するなどの不利益な取扱いをしてはいけません。

マタニティハラスメントの基礎知識

◉ マタニティハラスメントとは

　マタハラは、女性の社会進出を本格的にするという社会的な動きが活発になった 1990 年代後半に生まれた言葉とされています。そのため、母や母性、妊婦を意味する「マタニティ」が使われていますが、正式には「職場における妊娠・出産・育児休業等に関するハラスメント」といいます。

　男女雇用機会均等法第十一条の三および育児・介護休業法第 25 条では、マタハラに関して、事業主に防止措置を講じることを義務づけています。

＜男女雇用機会均等法（抄）＞

（職場における妊娠、出産等に関する言動に起因する問題に関する雇用管理上の措置等）

第十一条の三　事業主は、職場において行われるその雇用する女性労働者に対する当該女性労働者が妊娠したこと、出産したこと、（中略）妊娠又は出産に関する事由であって厚生労働省令で定めるものに関する言動により当該女性労働者の就業環境が害されることのないよう、当該女性労働者からの相談に応じ、適切に対応するために必要な体制の整備その他の雇用管理上必要な措置を講じなければならない。

　2　第十一条第二項の規定は、労働者が前項の相談を行い、又は事業主による当該相談への対応に協力した際に事実を述べた場合について準用する。

＜育児・介護休業法（抄）＞

（職場における育児休業等に関する言動に起因する問題に関する雇用管理上の措置）

第 25 条　事業主は、職場において行われるその雇用する労働者に対する育児休業、介護休業その他の子の養育又は家族の介護に関する厚生労

働省令で定める制度又は措置の利用に関する言動により当該労働者の就業環境が害されることのないよう、当該労働者からの相談に応じ、適切に対応するために必要な体制の整備その他の雇用管理上必要な措置を講じなければならない。

2　事業主は、労働者が前項の相談を行ったこと又は事業主による当該相談への対応に協力した際に事実を述べたことを理由として、当該労働者に対して解雇その他不利益な取扱いをしてはならない。

　職場における妊娠・出産・育児休業等に関するハラスメントとは、「職場において行なわれる上司・同僚からの言動によって、妊娠・出産した「女性労働者」や育児休業などを申出・取得した「男女労働者」の就業環境が害されること」と定義されています。

　なお、業務分担や安全配慮などの観点から、客観的に見て業務を遂行するうえで必要な言動はハラスメントには該当しないとされています。そこで、どのような言動が業務上必要なのか見ていきましょう。

業務上の必要性にもとづく言動

　上司は部門をマネジメントしなければなりません。そのため、部下が休業などをする場合、上司として業務の調整をする必要があります。

　その際、該当する部下と個別に相談し、対応を決めていきますが、ここでの発言が業務上必要なものかどうかがハラスメントかどうかの重要な判断基準になります。

　たとえば、妊娠中に医師から休業指示が出た場合、労働者の体調を考慮してすぐに休業の対応をしなければなりません。ところが、「業務が回らないから」という理由で上司が休業を妨げた場合はハラスメントに該当します。

　一方、定期検診など、ある程度、調整が可能な休業について、時期の調整が可能か労働者の意向を確認する行為はハラスメントにはなりません。

　ただし、労働者の意を汲もうとせず、一方的に通知する場合は、ハラスメントとなる可能性があるため注意が必要です。

◉ マタハラの種類

　厚生労働省では、マタハラを大きく二つの種類に分類しています。どういった言動が、どのマタハラに当たるのかという観点もマタハラ防止に必要になります。

（1）制度等の利用への嫌がらせ型
　妊娠・出産・育児等の制度を利用することに関する言動によって本人の就業環境が害されるハラスメント行為です。

◉解雇その他不利益な取扱いを示唆するもの
　制度を利用しようと上司に相談・申請した、または利用した女性労働者と男性労働者に対し、解雇や降格などの不利益な取扱いを示唆する直接的な言動を指します。この場合のハラスメントをする側は上司となり、こうした発言が一回でもあるとハラスメントだと見なされます。

◉制度等の利用の請求等または制度等の利用を阻害するもの
　女性労働者と男性労働者に対し、上司、あるいは同僚が制度を利用しないように言ったり、申請した後に取り下げるように言うことです。これは直接的な言動で客観的に見て制度などの利用を諦めざるを得ない状況になるようなものを指します。この場合は、上司も同僚もハラスメント行為者になりますが、上司の場合は一回でもこうした発言があればハラスメントだと判断されます。一方、同僚の場合は、繰り返し継続的にこうした発言をした場合にハラスメントになります。

◉制度等を利用したことにより嫌がらせ等をするもの
　女性労働者と男性労働者に対し、上司や同僚が制度を利用したことによる嫌がらせなどを繰り返し、または継続的に行なうことです。直接的な言動で、客観的に見て能力の発揮や継続就業に重大な悪影響が生じるなどの就業するうえで看過できない程度の支障が生じるようなものがこれに当たります。これは、

上司・同僚のいずれも繰り返し、または継続的なものがハラスメントになります。また、言葉によるものだけではなく、必要な仕事上の情報を与えない、これまで参加していた会議に参加させないといった行為もハラスメントです。

（2）状態への嫌がらせ型

女性労働者が妊娠したこと、出産したことなどに関する言動によって、就業環境が害されるハラスメント行為です。

● 解雇その他不利益な取扱いを示唆するもの

女性労働者が妊娠などをしたことで、上司がその女性労働者に対し、解雇その他の不利益な取扱いを示唆することです。これは直接的な言動である場合で、その言動が一回であってもハラスメントになります。

● 妊娠等したことにより嫌がらせ等をするもの

女性労働者が妊娠などをしたことで、上司・同僚がその女性労働者に対し、繰り返し、または継続的に嫌がらせなどをする行為です。これは直接的な言動である場合で、客観的に見て能力の発揮や継続就業に重大な悪影響が生じるなどの就業するうえで看過できない程度の支障が生じるようなものが当たります。これは、上司・同僚のいずれも繰り返し、または継続的なものがハラスメントになります。また、言葉によるものだけではなく、必要な仕事上の情報を与えない、これまで参加していた会議に参加させないといった行為もハラスメントです。

◉ ハラスメントに該当しない言動

上記のようなハラスメントは、日常的な会話の中で生まれやすいものです。そこで、どういう言い方であればハラスメントにならないか理解しておくのもハラスメント防止に役立ちます。

（1）「制度等の利用」に関する言動

・業務体制を見直すため、上司が育児休業をいつからいつまで取得するのか確認する

・業務状況を考えて、上司が「次の妊婦健診はこの日は避けてほしいが調整できるか」と確認する

・同僚が自分の休暇との調整をする目的で休業の期間を尋ね、変更を相談する
※ただし、変更の依頼や相談は、強要しない場合にかぎられます。

（2）「状態」に関する言動

・上司が、長時間労働をしている妊婦に対して、「妊婦には長時間労働は負担が大きいだろうから、業務分担の見直しを行ない、あなたの残業量を減らそうと思うがどうか」と配慮する

・上司や同僚が「妊婦には負担が大きいだろうから、もう少し楽な業務に変わってはどうか」と配慮する

・上司や同僚が「つわりで体調が悪そうだが、少し休んだほうがいいのではないか」と配慮する

※本人にこれまで通り働きたいという意欲がある場合でも、客観的に見て、妊婦の体調が悪い場合は業務上の必要性にもとづく言動になります。

ハラスメント防止のための関係者の責務と防止措置

◉ 関係者の責務とは

　パワハラ、セクハラ、マタハラを防止するために、法律および指針で、事業主や労働者に対して、以下の項目について努める責務が規定されました。

（1）事業主の責務

・職場におけるハラスメントを行なってはならないこと、その他、職場におけるハラスメントに起因する問題に対する自社の労働者の関心と理解を深めること
・自社の労働者が他の労働者に対する言動に必要な注意を払うよう、研修その他の必要な配慮をすること
・事業主自身（法人の場合はその役員）が、ハラスメント問題に関する理解と関心を深め、労働者に対する言動に必要な注意を払うこと

（2）労働者の責務

・ハラスメント問題に関する理解と関心を深め、他の労働者に対する言動に必要な注意を払うこと
・事業主の講ずる雇用管理上の措置に協力すること
※ここでいう労働者とは、取引先などの他の事業主が雇用する労働者や、求職者も含まれます。

　ハラスメントの防止は、立場に関係なく全員の努力が必要不可欠です。ハラスメントが存在することの影響は計り知れません。だからこそ、自らの責務をしっかりと認識し、ハラスメントのない職場をつくっていきましょう。

● ハラスメント防止措置

ハラスメントを防止するために、事業主が雇用管理上講ずべき措置として、主に以下の措置が厚生労働大臣の指針に定められています。事業主は、これらの措置についてかならず講じなければなりません。

なお、派遣労働者に対しては、派遣元のみならず、派遣先事業主も措置を講じなければならないことも、あわせて認識しておく必要があります。

指針に定められている事業主が講ずべき措置のポイント

（1）事業主の方針の明確化及びその周知・啓発

①ハラスメントの内容やハラスメントを行なってはならない旨の方針を明確化し、労働者に周知・啓発する

②パワーハラスメントの行為者については、厳正に対処する方針・対処の内容を就業規則などに規定し、労働者に周知・啓発する

（2）相談（苦情を含む）に応じ、適切に対応するために必要な体制の整備

③相談窓口をあらかじめ定め、労働者に周知する

④相談窓口担当者が、内容や状況に応じ適切に対応できるようにする。ハラスメントが現実に生じている場合だけでなく、発生のおそれがある場合や、ハラスメントに該当するかが微妙な場合であっても、広く相談に対応する

（3）ハラスメントへの事後の迅速かつ適切な対応

⑤事実関係を迅速かつ正確に確認する

⑥事実関係の確認ができた場合には、速やかに被害者に対する配慮のための措置を適正に行なう

⑦事実関係の確認ができた場合には、行為者に対する措置を適正に行なう

⑧再発防止に向けた措置を講ずる

（4）あわせて講ずべき措置

⑨相談者・行為者などのプライバシーを保護するために必要な措置を講じ、労

働者に周知する

⑩事業主に相談したこと、事実関係の確認に協力したこと、都道府県労働局の援助制度を利用したことなどを理由に、解雇その他不利益な取扱いをされない旨を定め、労働者に周知・啓発する

　また、マタハラについては、上記に加え、次の防止措置も講じるように言及されています。

（5）マタハラの原因や背景となる要因を解消するための措置

⑪業務体制の整備など、事業主や妊娠などした労働者その他の労働者の実情に応じ、必要な措置を講ずる

　これらの防止措置を講じ、ハラスメントを職場からなくしていくための努力を続けていかなければならないのです。

　ハラスメントは、働く人の個人としての尊厳を不当に傷つけ、能力の発揮を妨げる、社会的に許されない行為です。さらには、職場風土の乱れや生産性の低下にもつながり、企業にとって重要な経営課題になっています。

　職場を預かる上司として、職場からハラスメントをなくすために、どう考え、どう向き合っていけばいいのか、日ごろから考えておきましょう。

第2章

ハラスメントの
グレーゾーン

注目を集めるハラスメント

◉ 現代のハラスメント事情

　連日、新聞やニュース、インターネットなどでハラスメントが話題になっています。実際に大きな問題に発展したものから、日常の「ハラスメントネタ」のようなものまで、私たちはあらゆる場面でハラスメントという言葉を見聞きするようになりました。

　では、なぜそこまで注目を集めているのでしょうか。その理由を考えていきましょう。

　ひとつめの理由は、「個人を尊重する意識」が高まったことです。その結果、いじめや嫌がらせ、性別による差別などのハラスメントをなくそうという動きが社会的に活発になりました。また、ハラスメントをする側の言動に対し、激しいバッシングもされています。

　ふたつめは、ハラスメントの拡大解釈・誤った使い方の増加です。たとえば、次のような発言を自分の周りで聞いたことはないでしょうか。社員が「仕事がきつい！　ハラスメントだ！」と訴えている。あるいは上司が「悪意はなかったからハラスメントではない」と主張している。

　この発言だけで一概にハラスメントかどうかを判断することはできませんが、言葉の意味を十分に理解せずに「ハラスメント」と言っている可能性が高いものです。つまり、ハラスメントになる要素をしっかりと理解しないままに「ハラスメント」という言葉が使われる傾向が強まったといえるのです。

　ハラスメントは人権を侵害する許されない行為です。そのため、認知度が高まることは良い傾向にあるといえます。しかし、認知度が高まった結果、難しい問題も生まれました。それが、「ハラスメントのグレーゾーン」です。

ハラスメントのグレーゾーン

● グレーゾーンとは何か

　グレーゾーンとは、それがハラスメントかどうか判断に迷うケース、あるいはハラスメントだとはすぐに認定しにくいケースのことをいいます。具体的にイメージするために例を見ていきましょう。

グレーゾーンの例①

上司（男性）「今日、どうだい？　軽く一杯」

部下（男性）「え？　今日ですか？」

上司「今期、大幅に目標をオーバーしてくれたから労いたいと思ってね。どう？　おごるよ」

部下「は、はあ……」

上司「予定でもあるの？」

部下「いえ、とくには……」

上司「だったらいいじゃないか」

部下「今日は早めに帰ろうかと……」

上司「付き合いが悪いな。上司が誘ったら、ついてくるものだよ？」

部下「……は、はい」

上司「じゃ、六時に会社を出よう」

グレーゾーンの例②

上司（男性）「あれ？　髪切った？」

部下（女性）「え？　ちょっとだけですけど」

上司「そうだよね。よく見たら、なんか雰囲気が違うからさ」

部下「……」

　いかがでしたか？　ハラスメントだと思った人、コミュニケーションの一部だと思った人、さまざまな感想を持ったのではないでしょうか。

実際、このような会話はどこの職場でも繰り広げられています。しかし、いずれもグレーゾーンになり得るケースだということに注意が必要です。

　では、なぜこれらのケースがグレーゾーンになり得るのでしょうか。その理由は、グレーゾーンは、行為をした人と行為を受けた人の感じ方の違いです。先ほどのケースで、上司と部下は次のように思っていました。

グレーゾーンの例①の上司と部下の言い分

部下「行きたくないのに飲み会を強要されました。無理やりですよ？　ひどいと思いませんか？」

上司「上司が部下と飲みに行くのって、普通のことですよ。しかもこっちは労おうって言っているのに。何か問題ありますか？」

グレーゾーンの例②の上司と部下の言い分

部下「見た目のことを言ってくるなんてセクハラですよ。それに、じろじろと見られたような気もしました」

上司「髪を切ったか、くらい日常のコミュニケーションだと思いますけどね。それをセクハラって言われると、もう何も話せませんよ」

　同じ行為でも、それぞれの言い分は違いました。そして、それは感覚的なものだとわかると思います。もちろん普段の人間関係や口調、表情などの文字以外の要素もあったかもしれません。しかし、この会話だけで、ただちにハラスメントだという判断は難しいといえます。

　職場はさまざまな人が働いています。上司の世代が「常識」だと思っていることでも、部下の世代から見れば「非常識」と映ることもよくあります。

　世代やその人たちの置かれた環境によって「感じ方・受け止め方」はさまざまです。こうした感覚や認識、価値観のズレやギャップがハラスメントと関連づけられると、思わぬ行為が「グレーゾーン」になってしまうのです。

● グレーゾーンを防ぐために

　グレーゾーンは、実際にはハラスメントではないものもありますが、深刻なハラスメントへ発展する可能性を含んでいることも少なくありません。

　職場からハラスメントをなくしていくには、そもそもグレーゾーンになる可能性のあるできごと、つまり「ハラスメントの芽」を生まないようにすることが重要です。また、ハラスメントの芽が大きく育つ前に摘み取る方法も考えておかなければなりません。

　そこで、「発生防止策」と「事後対応」を考えていきましょう。

（1）発生防止策

①「何が、どこまでがハラスメントになるのか」という共通認識を職場で共有する

　明らかなハラスメントになる言動はもちろん、グレーゾーンについての想定ケースについて職場で話し合います。その際には、「ここまでするとハラスメント」「ここがよくなかった」「これは問題ない」と、ケースごとに各自が意見を出し合い、職場としての見解をまとめていきます。その積み重ねが、社員間の感覚や認識のズレの最小化につながります。

　また、アンケートなどを実施することも、感覚や認識のズレを把握するうえで有効です。

②社員同士のコミュニケーションの質の向上を目指す

　会話や交流の機会という「量」の面だけでなく、適切な距離感、配慮、思いやりなどの人間関係の「質」を高めてお互いの信頼関係を強固なものにしていきます。ハラスメントのない職場の実現には、社員同士の信頼関係が何よりも大切です。

（2）事後対応

　適切に対応することに尽きます。「まあまあ」というあいまいな対応や一方的に上司側の考え方を押し付けるような対応は、ハラスメントの芽が本当のハ

ラスメントに発展する可能性があるため禁物です。

　最近では相談対応が不適切だったためにハラスメントに発展するケースが増えてきています。適切な対処の方法を事前に把握しておき、それに沿った冷静な行動が非常に重要です。

　ただちにハラスメントになるようなケースはともかく、グレーゾーンは事後対応次第でハラスメントに発展するかどうかが決まるケースも少なくありません。適切な対応ができるように意識しておきましょう。

　また、グレーゾーンの発生を恐れて、指導や注意が必要な場面で上司としての責任から逃げてはいけません。部下を適切に導けなくなるだけでなく、部下が社会人として成長するチャンスを奪うことにもなります。

　グレーゾーンの中には、最終的に「ハラスメントではない」と判断されるケースも多くあります。しかし、そうしたケースであっても、グレーゾーンだと思われたということは、「ハラスメントになり得る要素」が少なからず含まれていたといえるはずです。言い方を変えれば、ハラスメントの要素がまったくなければ、そもそもグレーゾーンにもなりません。

　大切なのは、「ハラスメントの芽」を軽く見たり、放置したりしないことです。そして、ハラスメントの芽が本当のハラスメントに発展しないように防ぐこと、さらには、そもそもハラスメントの芽自体を生まないための働きかけが欠かせません。

　その中心にいなければならないのは、上司であるあなたです。複雑な問題も少なくないため気後れしてしまうかもしれませんが、上司として、グレーゾーンから目を背けることなく、その場にいる全員が安心して働ける職場づくりを目指していきましょう。

第 3 章

ケーススタディ

パワハラの
グレーゾーン

― 第3章　掲載内容 ―

CASE 01 みんなの前で……

営業部の鈴木くんは、仕事でミスをして、お客さまに迷惑をかけてしまいました。そのことで佐藤部長に席に呼ばれ、鈴木くんは部のメンバーがいる前で注意を受けました。周りの人も二人に注目しています。鈴木くんは「ミスをしたのは反省しているけど、みんなの前で言わなくても……」と佐藤部長の注意の仕方に不満を感じています。

 Thinking Time

どのような点が、ハラスメントの芽に当たると思いますか？
また、どうすればグレーゾーンを回避できるでしょうか？
自分の考えを書いてみましょう。

業務上の注意は上司として必要なこと。
ただし、シチュエーションには十分すぎる配慮を。

　上司として、部下のミスを注意するのは必要なことです。同じミスを繰り返さないために、ミスが発覚したらすぐに部下に話をするべきです。

　その際に、ケースのように上司が席に部下を呼び、周囲の人に聞こえるような大きさの声で注意するのは、ハラスメントの観点においてはふさわしい方法ではありません。部下が「みんなの前で言わなくても……」と思っていたように、恥ずかしさを感じたり、プライドが傷ついてしまったりする可能性があります。場合によっては、パワーハラスメントの六類型のひとつである「精神的な攻撃」と受け取られかねません。たとえ、注意の内容にパワハラになるような言葉が含まれていなくても、上司が注意をしたシチュエーションそのものがハラスメントの芽だといえるでしょう。

　部下に少しでもパワハラの疑念を持たれてしまったら、部下はそのことばかりが気になり、注意された内容が耳に届かなくなります。伝えるべきことをきちんと伝え、部下に行動を変えてもらうには、上司にも工夫が必要なのです。

　部下にミスを注意する際は、別室や周りに人がいない場所を選び、そこで話をするようにしてください。もちろん、部下本人の人格を否定するようなパワハラになる言葉は使ってはいけません。話すべき内容は、部下自身の批判ではなく、ミスをした原因となる行動や再発防止策です。

　なかには、「わざわざ場所を変えるのは……」と感じる人もいるかもしれません。しかし、ちょっとした工夫でグレーゾーンが生まれる可能性をなくせるのです。ぜひ、不要な疑念を生まないための工夫をしてください。

🔑 Point

- 周囲に人がいる場所で注意するのは、ハラスメントの観点から避けるべき。
- パワハラの疑念を持たれると、肝心の注意の内容が耳に届かなくなる。
- 部下自身のことではなく、ミスの原因や再発防止について話をする。

CASE 02 期待している部下を育てようと……

高橋くんは将来有望だから彼を育てて後継者にしよう　高橋くん

少し難しいお願いもしよう

経験を積んでもらって……

田中課長からの仕事……なんとかやってるけどさすがに、精一杯だ……

嫌になってきたぞ

高橋くんは将来有望な中堅社員です。田中課長としては、なんとか彼を育て、自分の後継者にしたいと思っています。そのため、高橋くんには全体の仕事量を考慮しながら少し難しい仕事を増やして指示し、経験を積ませようとしています。高橋くんは、田中課長から指示される仕事をなんとかこなしていましたが、気持ち的には精一杯です。次第に不満が募り……。「田中課長はパワハラなんじゃないか」と思うようになってきたのです。

Thinking Time

どのような点が、ハラスメントの芽に当たると思いますか？また、どうすればグレーゾーンを回避できるでしょうか？自分の考えを書いてみましょう。

部下の成長を促すには「ストレッチな経験」が必要。
しかし、仕事量の配慮や指示の仕方には工夫を。

人 材開発の分野では、部下の今の実力よりも少し高いレベルの仕事を与えることで、部下の成長を促しやすくなるといわれています。その仕事を「ストレッチな経験（背伸びの経験）」と呼び、上司には部下の実力を見極め、少しレベルの高い仕事を与えることが求められているのです。

　ケースの上司は、期待する部下を育てたいという思いから、ストレッチな経験を与えていたつもりでした。ところが、部下にとって、それは難しい仕事だったのです。次第に、精神的な余裕がなくなり、「パワハラをされている」と思うようになってしまいました。

　上司が嫌がらせのつもりで、できないレベルの仕事を意図的に指示していたのであれば、パワーハラスメントの六類型のひとつである「過大な要求」に該当する可能性もあります。今回は、部下の成長を期待して仕事を与えていたため、パワハラになる可能性は高くありません。しかし、上司の思いとは裏腹に部下が不満に感じてしまっているため、ハラスメントの芽が存在したといわざるを得ません。仕事の与え方に工夫の余地があったといえるでしょう。

部 下に仕事を与える時には、目的と意図をセットで伝えるようにしてください。今回のケースであれば「課長候補として成長するために必要なステップなんだ」「大変に思うかもしれないけど、かならずレベルアップにつながる仕事だから」という説明をしていれば、部下の不満は軽減されていたはずです。

　あらぬ誤解を生まないためにも、部下が前向きに仕事に取り組み、その経験を成長の糧としてもらうためにも、単に仕事を与えるのではなく、部下とのコミュニケーション（目的・状況確認・助言など）をしっかりととることが重要です。

🔑 Point

● 「ストレッチな経験」は部下の成長には欠かせない。

● 難しい仕事を与える時には、目的と意図をセットで伝える。

● コミュニケーションをしっかりととり、部下の誤解を生まないように工夫する。

CASE 03 基本を学んでもらう つもりが……

伊藤くんは、新しい部署に異動することになりました。希望していた部署への異動ということもあり、伊藤くんはやる気に満ち溢れています。

ところが、異動初日、渡辺部長に呼び出され、「二週間ほど別室で研修をする。これは会社で決められたことだから」と通知されました。「初日からバリバリ働きたい」と思っていた伊藤くんは渡辺部長の発言に不満を感じています。

Thinking Time

どのような点が、ハラスメントの芽に当たると思いますか？
また、どうすればグレーゾーンを回避できるでしょうか？
自分の考えを書いてみましょう。

研修目的で別室に連れて行くのはパワハラではない。
しかし、目的の説明はしっかりとていねいに。

パワーハラスメントの六類型のひとつに「人間関係からの切り離し」があります。理不尽な理由で別室に隔離する、集団で無視をするなどの行為がパワハラに該当するというものです。

一方、厚生労働省は、教育を理由に別室に呼ぶことは人間関係からの切り離しに該当しないとしています。今回のケースは、異動直後の仕事を覚えるための研修であり、パワハラとはいえません。

しかし、部下は「初日からバリバリ働きたい」と思っていました。別室で研修をするという上司の発言は自分の思いとは違い、不満に感じたのも事実です。場合によっては、モチベーションの低下につながるなどの可能性もあり、上司としては配慮が必要だったといえます。「研修をする」と伝えたプロセスに改善できる点はなかったかと振り返ってください。

仕事には、さまざまな規定があり、原則、変更は認められません。しかし、有無を言わさない態度で「これは決まっていることだから」と部下に伝えると、気持ちのすれ違いが生まれやすくなるため注意が必要です。

そこで、ていねいに意義や目的を説明し、部下の気持ちを聞いてあげましょう。今回のケースであれば、異動直後の社員に対して研修やオリエンテーションをする目的を伝えるべきでした。たとえば、「新しい仕事の流れを覚えるために」「業界の知識を学ぶために」などと伝えると、部下との気持ちのすれ違いは生まれにくかったと考えられます。無用な誤解を招かないためにも、部下のやる気を削がないためにも、ていねいにしっかりとした説明は欠かせないのです。

🔑 Point

- 教育目的であれば、別室での研修はパワハラにならない。
- 規定であっても、相手の状況や気持ちに寄り添った伝え方をする。
- 意義や目的をていねいに説明し、部下の気持ちを聞くステップが重要。

CASE 04 ミスをして長時間……

あのミスでどれだけの人数の社員が動いたと思っているの?

だいたいあなたはひと月前にも似たようなミスをして、どうして直せないのかしら……

改善点のことなんて話していないじゃないか……

山本くんは、仕事でミスをしてしまいました。中村係長に報告したところ、そのまま小部屋に連れて行かれ、改善の方法について話し合うことになりました。ところが、中村係長は「今回みたいなミスは、ひと月前もしたよね。何度も同じミスを繰り返して……」と、今回のミスだけでなく、過去のミスについての指摘も始めたのです。山本くんは「改善点の話なんてしていないし、ついでに過去のことも言う必要はあるのかな?」と疑問に感じています。

Thinking Time
どのような点が、ハラスメントの芽に当たると思いますか?また、どうすればグレーゾーンを回避できるでしょうか?自分の考えを書いてみましょう。

ミスを注意する時は「ついでに」は避ける。
目の前のことをまず解決することが重要。

仕事にはミスはつきものです。ミスをしない人はいないでしょう。大切なのは、ミスを繰り返さないように原因を分析し、改善点を見つけることです。ところが、ミスをしてしまった本人は焦っていたり、落ち込んでいたりと、なかなか冷静にミスと向き合うことができなくなっています。そこで、ミスを改善できるように上司がサポートしてあげることが重要になります。

しかし、同じようなミスを部下が続けていると、上司の側も冷静さを保てなくなる場合があります。話しているうちに感情が高まり、過去のミスについても、ついでに指摘してしまうというケースが少なくないようです。

たしかに、ミスを放置して繰り返している部下にも反省すべきところはあります。しかし、ミスをして落ち込んでいる部下に対し、「あれもこれも」と過去のことを引っ張り出してくるのは、指導の方法として適切ではありません。長時間にわたる叱責を繰り返し行なうことは、パワーハラスメントの六類型の「精神的な攻撃」に該当する場合もあるため、ハラスメントの芽に発展する可能性もあるでしょう。

部下のミスに対しては、まず目の前のことの解決を優先してください。同じミスが繰り返されている場合は、部下の気持ちが落ち着いてから、過去のことも含めて再発防止について話し合ってください。時間が経っていれば、部下も冷静さを取り戻し、上司の話に耳を傾けてくれやすくなっているはずです。

部下への注意や指導は、その緊急度と相手の様子のバランスを考慮して、タイミングを図ることが重要です。部下一人ひとりのことをよく理解し、適切なサポートができるように工夫してください。

🔑 Point

- 注意・指導する時は、過去のことを「ついでに」は避ける。
- 目の前のことの解決を最優先に。
- 部下に合わせて、注意や指導のタイミングを図る。

パワハラ

長文のメールで……

営業部の小林課長は、部下の加藤くんの営業成績が振るわないため、発破をかけようと長文のメールを送りました。

そのメールを受け取った加藤くんは「長いメールだな。いつまで経っても読み終わらないんだけど……。それに、気合いや熱意が足りないってメールで書く必要あるのかな?」と感じています。読み終わった加藤くんは、暗い表情になってしまいました。

Thinking Time どのような点が、ハラスメントの芽に当たると思いますか?
また、どうすればグレーゾーンを回避できるでしょうか?
自分の考えを書いてみましょう。

メールでは真意が伝わりにくいと理解しておく。
メールの内容が精神的な攻撃にならないように注意。

メールは、仕事上のコミュニケーションで欠かせないツールです。業務の報告や連絡などを気軽に行なえる一方で、メールにまつわるハラスメントのトラブルが多発しています。メールの使い方には細心の注意を払いたいものです。

メールにまつわるトラブルのひとつが今回のケースのような長文での叱責です。送った本人は発破をかけるつもりだったのかもしれません。しかしメールは、対面でのコミュニケーションのように言葉づかい、声色、表情やしぐさという要素が削ぎ落とされ、文章のみで相手に伝えるため、誤解を招きやすい側面があります。自分の真意とはまったく違う理解をされてしまう可能性もあるのです。

しかも、長文となると相手に視覚的なインパクトを与えてしまいます。それが厳しい内容であればあるほど、ネガティブな印象を持たれやすいのです。こうしたことが繰り返し続くと、パワーハラスメントの六類型のひとつ「精神的な攻撃」に発展する危険性も孕んでいます。

今回のケースでは、部下が暗い表情になったように、メールは使うべきではありませんでした。上司は、部下に伝える手段としてメールが適切だったかどうか、改めて考える必要があるでしょう。

パワハラは職場における言動で起こる問題のことをいいます。そして、メールも業務上のコミュニケーション手段であることを理解しておいてください。対面と同じようにハラスメントにならないように細心の注意を払って部下とコミュニケーションをとるようにしましょう。

🔑 Point

- メールは真意が伝わりにくいという特性を理解して使う。
- メールを送る前にメールを使うべき場面か、改めて考えてみる。
- メールも対面のコミュニケーション同様に細心の注意を払う。

CASE 06 新入社員扱いされて……

入社十年目の佐々木さんは、このたび、業務部から営業部に異動になりました。希望していた異動でもあり、やる気に満ち溢れていましたが、与えられた仕事は「伝票処理」など事務処理ばかりです。山口課長からは「うちの部では、着任直後は新入社員も同じことをしているから」と言われました。佐々木さんは、「十年もキャリアがあるのに新人扱いって……」と不満が溜まっています。

 どのような点が、ハラスメントの芽に当たると思いますか？
また、どうすればグレーゾーンを回避できるでしょうか？
自分の考えを書いてみましょう。

相手のキャリアを考慮した言い方は必須。
その際は、目的の共有、相手の理解と納得を意識して。

仕事には、その人に合ったレベルがあります。経験などを考慮し、適切なレベルの仕事を与えるのが上司の役割です。ところが、相手の能力を見誤ると、トラブルのもとになる場合があります。その人の能力から著しくかけ離れた低レベルな仕事を意図的に与える「過小な要求」として、場合によってはパワハラになる可能性も孕んでいるのです。

今回のケースでは、部下は入社十年のキャリアを持っていました。社会人としてのキャリアは十分でしたが、新しい部門の慣習にならって、新入社員と同じステップを踏むことになりました。これは、仕事を覚えるための必要なプロセスであり、このケースの場合、過小な要求には当たらないと考えられます。

しかし、「新入社員と同じ」という表現をした上司の発言は、十年のキャリアがある人にとって配慮が足りなかったといえます。上司の配慮不足がハラスメントの芽だったのです。

今回のケースの原因は、相手のしたい仕事と実際の指示のレベルにギャップがあったことです。これを取り除く工夫が上司には求められます。そこで大切なのが目的の共有です。

仕事にはかならず目的があります。その目的を省略して指示してしまうと、「何のためにする仕事なのか」「それをどうして自分がするのか」ということが相手にはわかりません。相手の理解と納得を引き出し、仕事の指示をするように配慮しましょう。

🔑 Point

- 必要な指導ステップは過小な要求にはならないが、言い方には注意する。
- 相手のしたい仕事と実際の指示のレベルのギャップを取り除く工夫を。
- 仕事の目的を説明し、相手の理解と納得を得るように配慮する。

CASE 07 ＩＴに弱い上司に……

井上部長は、とにかくＩＴに弱く、スマホはもちろん、パソコンの基本的な操作もままなりません。ある日、ちょっとした操作がわからず、松本さんに操作方法を教えてもらいましたが、イマイチ理解できず、操作に四苦八苦していました。その様子を見ていた他の部下たちは、「あの人、本当に時代遅れ。そんなこともできないんだ」と陰口を言っています。

 Thinking Time

どのような点が、ハラスメントの芽に当たると思いますか？
また、どうすればグレーゾーンを回避できるでしょうか？
自分の考えを書いてみましょう。

優越的な関係は、「上から下へ」だけではない。
得意不得意を補い合って、協力できる雰囲気づくりを。

パワハラは、優越的な関係を背景とした言動が、判断要素のひとつです。これまで、優越的な関係といえば、上司から部下、先輩から後輩という、いわゆる上から下という関係が一般的でした。

ところが、部下から上司、後輩から先輩といった職責や社歴などの上下関係を背景にしないケースでも優越的な関係となる場合があります。その一例が、集団になった部下が上司を攻撃するというものです。これは、いじめの要素も含む悪質な問題に発展する場合が少なくありません。

たとえば、仲間同士で上司や先輩の悪口を言い合う、みんなで笑いものにするというパターンは、集団の中では起こりがちです。最初は、ただの笑い話かもしれませんが、パワハラになってしまうこともあるのです。今回のケースは、まさにそれに該当し、パワハラの芽があったといえるでしょう。

ビジネスシーンは変化が早く、日々便利なツールが生まれています。世代によって新しいツールへの慣れのスピードに差があったり、得意不得意があったりするのは当然です。

自分たちは当たり前のように使えるのを鼻にかけ、そうではない人のことを小馬鹿にするのは、同じ職場で働く仲間として不適切な態度だといえます。本来、仕事はお互いの得意不得意を補い合って、成果に向けて取り組んでいくものです。相手が誰であってもフォローし合う姿勢が大切になります。

また、上司としてメンバーが協力し合う雰囲気づくりも大切です。そういう風土があれば、今回のようなハラスメントの芽は生まれることはありません。

🔑 Point

● 集団になった部下と上司の関係も「優越的な関係」になる。

● 最初は笑い話であっても、パワハラに発展する可能性があると理解する。

● お互いが得意不得意を補い合って、協力できる雰囲気づくりを。

CASE 08 特定の人への否定的な発言を……

森課長は決断するポジションなのにあやふやな進め方をするし、部下の指導もしないよね

森課長は、一人ひとりと向き合いながら意見を吸い上げていくタイプのリーダーです。グイグイとチームを引っ張っていくリーダーシップのスタイルは得意ではありません。そのため、決断までに時間がかかることがよくあります。部下の山崎くんは、森課長にお願いしていた案件がなかなか進まず苛立っていました。ある日、がまんができなくなり、「あの人は、優柔不断で決断力がない」と否定的な発言を公然とするようになったのです。

 Thinking Time

どのような点が、ハラスメントの芽に当たると思いますか？
また、どうすればグレーゾーンを回避できるでしょうか？
自分の考えを書いてみましょう。

公然とした批判は、当人以外に、職場にも悪影響。
お互いが理解し合えるようにコミュニケーションを。

今回のケースも優越的な関係を背景にした言動に由来するパワハラにつながる可能性のあるハラスメントの芽がありました。

ケースでは、上司のマネジメントに不満を抱いた部下が公然と否定的な発言をしていました。もし、部下の発言に同調する人がいれば、言動がエスカレートする可能性があります。

また、同調する人がいなかったとしても、職場でそういう話がされていたと本人が聞いたら、嫌な気持ちになるはずです。もちろん、周りの人も良い気分はしないでしょう。人間関係が悪化してしまう可能性があり、職場の空気も悪くなります。部下の発言は、見過ごせません。

職場にはさまざまな人がいます。つまり、年齢、性別はもちろん、雇用形態が違う人が集まって仕事をしているのです。そうした環境では、価値観の違いなどが理由で、すれ違いがつきものです。しかし、その都度、不満を言っても仕事上の問題は何も解決されません。

そこで、不満を放置したままにしておくのではなく、本人と直接、話し合う機会を設けてみてはいかがでしょうか。あるいは、自分の部下がそういう発言をしていたら、上司として間に入ってあげるのもいいでしょう。

ネガティブな意見をぶつけ合うと、一時的に軋轢が生まれるかもしれません。しかし、それを乗り越えてお互いが理解し合えると、人間関係はより強固になります。お互いに理解し合えるようにコミュニケーションを積み重ねていきましょう。それが、ハラスメント防止にもつながるのです。

 Point ―――――――――――――――――――――――――

● 公然とした個人に対する批判は、ハラスメントの芽として見過ごせない言動。

● 誰かが不満を感じていたら、話し合う機会を設け、理解し合えるように。

● コミュニケーションの積み重ねは、ハラスメント防止にもつながる。

「苦手なメンバー」だからと協力を拒否

おれはプロジェクトには
参加しないぞ!!
林係長と
一緒なんて
イヤだ!

係長

パワハラ

エンジニアの木村くんは、社内でもトップクラスの実力の持ち主です。このたび、社内のプロジェクトのメンバーに指名されました。ところが、そのメンバーには林係長もいると知り、木村くんはやる気を失ってしまいました。林係長は神経質な性格で、木村くんは苦手に感じていたからです。そのプロジェクトは木村くんのスキルがないと成立しないものですが、係長と一緒なのが嫌な木村くんは、「おれはプロジェクトには参加しない」と協力を拒否しています。

どのような点が、ハラスメントの芽に当たると思いますか？
また、どうすればグレーゾーンを回避できるでしょうか？
自分の考えを書いてみましょう。

必要な知識や経験をわざと提供しないのはNG。
上司は、メンバーが力を発揮できる環境づくりを。

パワハラは、優越的な関係を背景とした言動かどうかが判断基準のひとつです。優越的な関係は、たとえば、その仕事の知識・経験が豊富な人とその人の協力がなければ仕事ができない人の関係も該当します。

今回のケースは、エンジニアの部下がプロジェクトメンバーの上司のことを苦手だという理由で、プロジェクトへの協力を拒否しています。

これは、パワハラの問題、業務命令違反の問題を孕んでいるケースです。まず、パワハラについては、「業務上必要かつ相当な範囲を超えた言動」かどうかがポイントです。必要な知識やスキルを提供しない理由が社会通念に照らして相当だとは考えにくいため、ハラスメントの芽があるといえます。もし、参加を条件に恣意的なメンバー交代を要求していたら、パワハラとなる可能性も出てきます。

次に、業務命令違反については、命令が業務上の必要性にもとづき不当な目的などがないもので、かつ著しい不利益を与えないものであれば、従業員は命令にしたがわなければなりません。個人的に苦手という理由では、配慮すべき事情にはならず、参加拒否は業務命令違反になります。

人間ですから、好き嫌いは当然あるでしょう。しかし、仕事をするうえでは、そうした感情は不要です。個人的な感情は取り除き、お互いに協力し合う姿勢が欠かせません。そうしなければ、強固なチームにはならないだけでなく、当然、成果を生み出すこともできないのです。上司として部下の間に入り、関係づくりのサポートをすることが求められます。どうすれば、メンバーが力を発揮できる環境がつくれるか考えてみましょう。

🔑 Point

- ● わざと知識やスキルを提供しないのは、パワハラになり得る可能性がある。
- ● 上司には部下の間に入り、関係づくりのサポートが求められる。
- ● メンバーが力を発揮できる環境づくりを。

CASE 10 プライベートの予定に……

斉藤さんは、趣味で料理教室に通っています。ある日、自分の仕事はすべて終わったため定時に帰宅しようと席を立ちました。横にいた清水課長から「もう帰るの？」と聞かれ、「料理教室があるので。今日の分の仕事は終わらせました」と答えました。清水課長は「忙しい時期だから、もっとやることあるんだけどねえ。わかったわ。お疲れさま」と嫌味たっぷりの挨拶をして、斉藤さんを送り出していました。

 Thinking Time　どのような点が、ハラスメントの芽に当たると思いますか？また、どうすればグレーゾーンを回避できるでしょうか？自分の考えを書いてみましょう。

仕事とプライベートの両立が現代社会のテーマ。
メンバーの仕事量やスケジュールを把握して、チーム運営を。

ワーク・ワイフ・バランスは社会的に重要なテーマになっています。内閣府では、ワーク・ライフ・バランスが実現された社会を「国民一人ひとりがやりがいや充実感を抱きながら働き、仕事上の責任を果たすとともに、家庭や地域生活などにおいても、子育て期、中高年期といった人生の各段階に応じて多様な生き方が選択・実現できる社会」と定義しており、会社も社員も一体になって、その実現に向けて取り組むことが求められています。

ところが、ワーク・ライフ・バランスは十分に浸透しているとはいえず、トラブルになってしまうことが少なくありません。たとえば、パワーハラスメントの六類型のひとつ「個の侵害」につながるようなケースです。

今回のケースでは、部下が自分のするべき仕事を終え、定時に料理教室に向かおうとしていました。自分の仕事をきちんとやり切っており、仕事の責任を果たしているといえます。

一方、上司は部下に嫌味を言っています。直接的な表現ではないにせよ、部下の就業時間外の行動を制限する発言と捉えられる可能性もある発言です。上司の発言にはハラスメントの芽があったといえるでしょう。

担当業務の緊急対応や当日中にやり切らなければならない仕事などを除いて、就業時間外の予定を制してまで仕事を指示することは避けるべきです。しかし、チームとして協力し合うという前提のもと、あらかじめメンバーの仕事の量や帰宅時間などのスケジュールを把握し、チーム運営をするのも上司の役割です。ワーク・ライフ・バランスを目指して工夫しましょう。

🔑 Point

● ワーク・ライフ・バランスは社会的なテーマ。その実現を目指す。

● 就業時間外の予定を制限する発言は「個の侵害」になり得るため注意を。

● チーム運営を工夫するのも上司の役割だと認識する。

CASE 11

相手に原因があるのに……

営業の池田くんは、外出中にゲームセンターで時間つぶしをしていたところを他部門の人に目撃され、翌日、橋本部長から注意を受けました。池田くんは「アポイントを突然キャンセルされて……」と言い訳を始めましたが、橋本部長は「どんな理由があろうとサボっていることには変わりない。今後は行動予定表を提出するように！」ときつく言いました。池田くんは、「新入社員じゃあるまいし……。嫌なことを強制されてパワハラだ」と思っています。

Thinking Time

どのような点が、ハラスメントの芽に当たると思いますか？
また、どうすればグレーゾーンを回避できるでしょうか？
自分の考えを書いてみましょう。

上司の指示はしたがう必要があるもの。
必要かつ相当なら嫌なことの強制はパワハラにはならない。

私たちは、かぎられた時間の中で成果をあげることが求められています。そのため、時間の使い方を自分自身で工夫することは重要です。とくに、最近ではテレワークをしている企業が増え、より一層、自分自身での時間管理の重要性が高まっています。

今回のケースは、外出中に時間が空いてしまった部下が、暇つぶしにゲームセンターに行っていました。これは、就業時間中は職務に専念するという就業規則に反する行為です。上司として、部下を注意するのは当然だといえます。

そして上司は、仕事をサボっていた社員に行動管理を目的に予定表の提出を求めました。これに対し部下は、「新入社員じゃあるまいし……。嫌なことを強制されたのだからパワハラだ」と思っています。

営業として自立している社員に、新入社員と同様の行動管理をするのは通常では考えにくいものです。しかし、今回は部下の虚偽の報告に対する再発防止の一環としての命令であり、妥当なものだと考えられます。

また、部下は「嫌なことを強制された」と感じていますが、上司から部下への指示は命令ですから、「強制」ではあります。そして指示の内容や指示の仕方が業務上必要かつ相当な範囲を逸脱していなければ、たとえ本人にとって嫌なことを強制したとしても、パワハラとはなりません。

ただし、部下の非を正すための指示だとしても、部下がパワハラだと感じないように、ていねいに意図を説明する努力は必要です。細心の注意を払いながら部下と接していきましょう。

🔑 Point

● 業務命令権にもとづく上司の指示にはしたがわなければならない。

● 嫌なことを命令（強制）しても、逸脱していなければパワハラにはならない。

● ていねいに意図を説明する努力は忘れずに。注意を払って部下と接する。

CASE 12 ミスを繰り返し注意したところ……

阿部さんは、細かい確認作業などが苦手で、ケアレスミスを頻繁にしています。
石川課長は、ミスを見つけるたびに阿部さんに注意していました。
ある日、スマホでネットニュースを見ていた阿部さんは「繰り返しはパワハラになる」という記事を読み、「自分と同じだ。石川課長からパワハラをされていたのか」と思ったのです。

Thinking Time どのような点が、ハラスメントの芽に当たると思いますか？
また、どうすればグレーゾーンを回避できるでしょうか？
自分の考えを書いてみましょう。

毅然とした態度で上司の責任を果たすことが大切。ただし、誤解されないように注意。

パワハラの判断基準のひとつに、その行為が「繰り返し・継続的に行なわれたか」というものがあります。この場合の繰り返し・継続的の意味は「不適切な言動を繰り返し行なうこと」や「同じ行為について執拗に叱責すること」などで、このケースでは、ミスのたびに、それぞれのミスについて必要な注意・指導をしているに過ぎず、この内容の注意を「繰り返し・継続的」に行なうことがパワハラになるわけではありません。

ミスを注意するのは上司として当然のことです。もしミスを放置してしまえば部下が同じ失敗を何度も繰り返すだけでなく、仕事の仕方を工夫したり、改善するチャンスを奪ってしまいます。今回のケースの上司の行為は、あくまでもミスを注意し、改善を促すという適正な指導の範囲内であり、パワハラにはならないでしょう。毅然とした態度で上司の責任を果たすことが大切です。

今は、誰でもインターネットを通して簡単に専門的な知識に接することができます。一方で、その弊害も生まれています。それが、「自己流の解釈」の増加です。パワハラは複雑で、線引きが難しいものが大半です。しかし、不十分な知識で「パワハラだ！」と解釈してしまう人が増えているのです。

こうした状況を恐れて部下との接触を避けようとする上司もいるかもしれません。しかし、それでは部下のためにならないのはもちろん、チーム運営に大きな支障をきたすことになります。

上司としては、パワハラと誤解されないように自身の言動に注意するのはもちろんですが、そのうえで、「言うべきことは言う」という姿勢を持つことも大切なのです。

🔑 Point

- 必要な注意なら「繰り返し、継続的」に行なわれてもパワハラではない。
- 部下のミスを注意するのは上司として当然のこと。
- 自己流解釈が増えていることには注意しつつ、毅然とした態度で接する。

CASE 13 自分勝手な進め方を注意したら……

山下さんは、いくつかの仕事を自分独自のやり方に変えて進めていました。ある時、中島部長から「決められた手順で仕事をしないとダメよ」と注意を受けました。しかし、山下さんは「私のやり方のほうが効率が良いのに……」と聞く耳を持たなかったのです。そればかりか、「無理にやり方を押し付けるのはパワハラだ」と思うようになりました。

 Thinking Time

どのような点が、ハラスメントの芽に当たると思いますか？
また、どうすればグレーゾーンを回避できるでしょうか？
自分の考えを書いてみましょう。

ルールを守れと頭ごなしに言うのではなく、理由の説明を。
ハラスメント防止には、部下の意見を聞く姿勢も大切。

仕事にはルールが不可欠です。ルールがなければ、仕事が円滑に進まないばかりか、職場の秩序が乱されます。したがって、上司として自分勝手な進め方をしていた部下に、ルールを守るように注意するのは当然のことです。

パワハラを判断する基準のひとつは「業務上必要かつ相当な範囲か」です。上司が指示したルールや指示の仕方がその範囲内であれば、部下にルールにしたがうことを命令してもパワハラにはなりません。

しかし部下は、「自分の考えたやり方のほうが効率的だ」と考えています。そこに「ルールだから守りなさい」という言い方をされたため、「押し付けられた」という印象を持ち、パワハラだと感じました。上司には、そう感じさせないための伝え方の工夫が必要だったのではないでしょうか。

まず、ルールの理由をしっかりと説明してください。仕事には、非効率に見えても変えられない手順があります。そこにはかならず理由があるはずです。理由を理解してもらえるように働きかけましょう。

また、相手の意見を聞くことも大切です。たとえ、部下の意見を採用できないとしても、頭ごなしに「ダメだ」と言うのではなく、部下の意図に耳を傾ける姿勢も重要になります。

部下の行動を、観察して改善していくのが上司の役割です。しかし、頭ごなしに部下の意見を否定するのではなく、部下の話に真摯に耳を傾ける姿勢も重要になります。そうした細かいコミュニケーションの積み重ねが、パワハラはもちろん、ほかのハラスメントの芽の発生を防止することにつながるのです。

🔑 Point

- ● ルールが妥当なものであれば、強制してもパワハラにはならない。
- ● 頭ごなしに注意するのではなく、理由の説明も重要。
- ● 部下の意見に耳を傾ける姿勢の積み重ねがパワハラ防止につながる。

CASE 14

低い考課を
不満に感じた社員が……

考課の結果は

現状維持！

う～ん…

個人目標も
達成したし……

育成に
力を注いだ……

成績が伸びた
部下もいる……

正当に
評価して
もらえて
いない……？

**これは
パワハラ……？**

営業部の石井係長は、小川部長から考課の結果を現状維持だと伝えられました。石井係長はその結果に不満です。たしかに、チーム目標は達成できませんでした。しかし、個人目標は達成し、係長として部下育成にも力を注ぎ、成績が抜群に伸びた部下もいます。石井係長としてはワンランクアップだろうと思っていたのです。石井係長には「自分は正当に評価してもらえていないのではないか」という疑問が湧いてきました。

Thinking Time

どのような点が、ハラスメントの芽に当たると思いますか？
また、どうすればグレーゾーンを回避できるでしょうか？
自分の考えを書いてみましょう。

人事考課はパワハラになりやすいため注意が必要。
目標の共有、ていねいな説明、事例の把握でパワハラ回避を。

人事考課は、「おれの言うことを聞かないと評価が悪くなるぞ」と言うなど、間違って運用すれば「優越的な関係を利用した行為」としてパワハラになりやすく、上司は考課に関する言動に細心の注意を払う必要があります。

今回のケースでは、部下が自分の考課について不満を感じていました。自己評価と上司の評価にギャップがあったからです。こうしたギャップは、グレーゾーンになりやすいため、回避する方法を上司は知っておくべきでしょう。

まず、期初など考課期間の初めに、部下と目標について話し合い、その結果にもとづいて考課をつけると共有しておきます。考課についての共通の認識があれば、今回のケースのような評価のギャップは生まれにくかったはずです。

また、考課結果を部下にフィードバックする時は、ていねいに相手が納得するように話すことが大切です。考課が現状維持であれば、どうして現状維持なのか、その根拠となる事実は何かなどをしっかりと伝えていきましょう。

今回のケース以外にも、人事考課にまつわるトラブルはさまざまあります。そのケースを知っておくこともグレーゾーン回避には有効です。

好き嫌いや印象などの主観で考課をつける、考課期間外の過去の行動を考課の対象にするなど、基準があいまいな考課のつけ方は恣意的な評価となり、パワハラの芽となる可能性が高くなってくるといえるでしょう。また、事実が確認できない噂話を考課の指標に加えてはいけません。確実にトラブルの火種になってしまいます。

人事考課は、運用を誤るとパワハラにつながりかねません。こうした事態を避けるために、慎重を期すようにしてください。

 Point

- 人事考課はパワハラになりやすいため細心の注意を払う。
- 目標の共有、ていねいな説明はトラブル回避に欠かせない。
- トラブル事例を知ることもグレーゾーン回避に効果的。

CASE 15

テレワーク中に……

前田くんの会社ではテレワーク制度を導入しており、前田くんは、一週間のほとんどを在宅勤務か外出先で仕事をしています。ある日、自宅で岡田部長とオンラインミーティングをしていると、「ちゃんと仕事をしているんだろうな?」と言われました。ほかの日には、朝から頻繁に岡田部長から電話がかかってきました。前田くんは、「監視されている」と思い、嫌な気持ちになってしまいました。

Thinking Time

どのような点が、ハラスメントの芽に当たると思いますか?
また、どうすればグレーゾーンを回避できるでしょうか?
自分の考えを書いてみましょう。

テレワーク中の部下のマネジメントには細心の注意を。部下を信じ、新しいマネジメントスタイルの構築が必要。

テレワークとは、ICT（情報通信技術）を活用し、時間や場所を有効に活用する働き方のことをいいます。テレワークには、ワーク・ライフ・バランスの実現、住む場所の自由度が増したことによる地域活性化、オフィススペースや事務用品、交通費のコスト削減といったメリットがあり、最近では多くの企業がテレワークを導入し、これからの時代の働き方として定着しつつあります。

ところが、テレワークによるトラブルが生まれているのも事実です。今回のケースのように、見えないところにいる部下に対し、上司が過剰な管理をするというものです。監視ともいえる、行きすぎた管理は、パワハラの可能性を含んでおり注意しなければならないでしょう。

ケースでは、上司が部下に対し「ちゃんと仕事をしているのか」と疑ったり、必要以上に電話をかけたりしていました。これでは、部下が「監視されている」と思うのは当然です。嫌な気持ちが増幅すると、「信用してもらえていない」という人間関係の亀裂が生まれる可能性もあります。

部下の様子を見ることなくマネジメントをするのは難しいことです。しかし、部下に不要な疑念を持たれてしまうような言動はパワハラにつながりかねないため、避けなければなりません。働き方が変われば、マネジメントのスタイルも変わると認識しておきたいものです。

そこで、まず部下のことを信じてください。そのうえで、マネジメントのスタイルをプロセス管理に変えるのもひとつの方法です。そうすれば、プロセス単位で進捗管理ができ、必要な場面での助言が可能になります。その積み重ねが信頼関係の構築にもつながるでしょう。

🔑 Point

- ● テレワークにはメリットもデメリットもあると理解しておく。
- ● 行動の監視と受け取られる言動は避けるように注意する。
- ● まずは部下を信じること。そして新しいマネジメントスタイルの構築を。

CASE 16 休日にチャットで連絡を……

営業部の前田課長は、土日に思いついたことをスマホのチャットアプリを使ってメンバーに送信することが日常的にあります。前田課長としては「備忘録的に」という意図ですが、メッセージを受け取ったメンバーは「返事をしないといけないの?」「休みの日にやめてほしい」と困っています。

| Thinking Time | どのような点が、ハラスメントの芽に当たると思いますか?また、どうすればグレーゾーンを回避できるでしょうか?自分の考えを書いてみましょう。 |

チャットは、便利で手軽なコミュニケーションツール。
しかし、送るタイミングには細心の注意を。

最近では、さまざまなコミュニケーションツールが登場しています。チャットツールもそのひとつで、導入している企業も少なくないでしょう。

こうしたコミュニケーションツールは、どんどん進化し、便利になってきています。しかし、使い方を誤ると職場でトラブルの火種になりかねないことに注意しなければなりません。その一例が、ケースのような土日の連絡です。

ケースでは、上司が部下たちに対して土日にチャットでメッセージを送っています。そして、それを見た部下は困った様子でした。上司としては「備忘録的に」という意図だったようですが、上司からの連絡を受け取った部下はどう感じるでしょうか。上司として、その視点を持っておきたいものです。

休みの日にいきなり上司からメッセージが来たら、部下たちは返事をしないといけないとプレッシャーを感じるのではないでしょうか。また、仕事とプライベートとの気持ちの切り替えができなくなる人もいるでしょう。いずれにせよ、ゆっくりと休養をとる気分ではなくなってしまいます。

チャットは手軽な連絡手段です。つい、「送っておくだけなら」と思ってしまいがちです。「見なければいい」という意見もあるでしょう。しかし、就業時間外に連絡や指示をする行為自体が「ハラスメントの芽」になりかねないのです。また、感覚が麻痺して当たり前のように連絡や指示をすると労務管理の問題に発展する可能性も孕んでいます。

緊急の場合以外は、休みの日に連絡するのは控えてください。言わなければならないことを思いついたのであれば、メモをしておくなどして休み明けに部下に伝えましょう。

🔑 Point

- 便利なツールでも、使い方を間違えるとトラブルのもとに。
- 土日に上司から業務連絡や指示が来たら、部下たちはどう思うか考える。
- 土日の指示は労務管理の問題に発展する可能性もある。

CASE 17　暗に休日に働くことを指示？

岡田課長は、金曜日の終業後に「月曜日の朝イチまでに営業対策を提出するように」とメンバーに指示をしました。その指示を受け取った長谷川係長は、「それって実質土日にしろということですか？　それはまずいです」と岡田課長に言いましたが、「今は赤字転落のピンチだ。一人ひとりが数字に対しての責任を持たないといけない」と聞く耳を持ちません。

 | どのような点が、ハラスメントの芽に当たると思いますか？
また、どうすればグレーゾーンを回避できるでしょうか？
自分の考えを書いてみましょう。

仕事に対して責任を持つことは社会人として重要なこと。
しかし、働く時間に対する意識を持たなければならない。

働き方の見直しが社会的に重要なテーマになっています。とりわけ残業や休日出勤などの「労働時間の管理」は最重要課題だと考えられています。以前のような、「長く働く人は称賛される」という時代は過ぎ去り、決められた時間内でいかに成果を出すかということに焦点が当てられているのです。

このような背景から、働く時間に関する問題が浮き彫りになりました。たとえば、サービス残業を強要される、仕事の量は減らないのに早く帰ることを求められるなどの問題が多発しているのです。

これらは、時間管理の問題である一方で、パワハラ問題も潜んでいることが少なくありません。どういった言動が、なぜ問題になるのかをしっかりと理解しておかなければ、トラブルを引き起こしてしまうため注意が必要です。

今回のケースでは、金曜日の終業後に休み明け早々を締め切りにした提出物を部下たちに求めていました。係長の指摘のように、実質土日に仕事をしろという指示と捉えられてもおかしくありません。

どうしても仕事をしてもらわなければならないのであれば、休日勤務を命じて、正式に労働時間の認定をすべきでした。それが難しいのであれば、締め切りの設定を延ばすしかないでしょう。

仕事に対して責任を持つことは重要です。しかし、理不尽な指示が続くと、部下は不満を感じてストレスが溜まってしまい、本来持っている力すら出せなくなる可能性があります。最悪の場合、ハラスメントなどの問題を職場に生んでしまいかねません。そうした事態を防ぐには、上司が中心となって、決められた時間で最大の成果が出せるような工夫をしていくことが重要なのです。

🔑 Point ─────────────────────────────

- ● 時間管理の問題には、パワハラ問題が潜んでいることが少なくない。
- ● 土日に働かざるを得ない指示を出す場合、休日勤務として労働時間の認定を。
- ● 決められた時間で最大の成果が出せるような工夫をする。

CASE 18 快諾したのに、裏では……

営業職の藤田くんは、成績優秀で半年連続でノルマを達成しています。月末にどうしても休まなければならない日があったため、上司の後藤課長に年次有給休暇を申請したところ「わかった。ゆっくりしておいで」と快く言ってもらいました。しかし、後藤課長は「いくら自分がノルマをクリアしているとはいえ、周りは月末だからってがんばっているのに……。営業としての自覚が足りない」と本人のいないところで言っていたのです。

Thinking Time

どのような点が、ハラスメントの芽に当たると思いますか？また、どうすればグレーゾーンを回避できるでしょうか？自分の考えを書いてみましょう。

69

年次有給休暇は、労働者に認められた権利。
部下が取得しやすいように、上司自身の意識変革を。

年次有給休暇は、休んでも使用者から賃金の支払いを受けられる休暇で、労働者の心身のリフレッシュを目的として労働基準法第三九条で定められた労働者の権利です。そして、年十日以上の年次有給休暇が付与されている労働者に対して、年五日は使用者が時季を指定して取得させることが義務づけられています。

有給休暇の取得率向上は、働き方改革の推進やワーク・ライフ・バランスの実現に向けて、すべての企業が取り組まなければならない日本社会の課題だといえます。ところが、日本の会社社会には「休むことへの抵抗」が根強く残っています。「周りが働いているのに……」という罪悪感や非難する感情を持つ人が少なくないのです。

今回のケースでは、上司は、表向きは部下の有給休暇の取得を快諾していましたが、裏では「周りががんばっているのに自覚が足りない」と否定的な発言をしていました。取得を拒否したり、本人に直接嫌味を言ったりしたわけではありませんが、本心では快く思っていなかったのです。そういう本音は些細な言動などに発露され、威圧的な言動に発展し、有給休暇取得を妨げる原因になったり、嫌がらせなどのハラスメントの芽が生まれたりする可能性につながるといえます。

有給休暇には、生産性の向上やモチベーションアップといった効果があるといわれています。そうしたメリットに目を向けて、部下が気軽に休暇申請ができる雰囲気づくりが欠かせません。加えて、上司自身が意識を変え、積極的に有給休暇を取得することも大切でしょう。

🔑 Point

- 有給休暇の取得率向上は現代社会の重要な課題。
- 有給休暇のメリットに目を向けて、取得しやすい雰囲気づくりを。
- 上司自身が意識を変えて、積極的に有給休暇を取得することも大切。

CASE 19 仕事量はそのままで……

村上くんは部内でピカイチに仕事ができます。そのため、近藤部長からどんどんと仕事を指示されています。村上くんは、毎日忙しく、残業をしないと仕事が回らない状況でした。

ところがある日、近藤部長から「会社の方針で残業は禁止になった。時間のやり繰りをうまくするように」と言われたのです。村上くんは「仕事量はそのままで残業禁止って……。無茶を言ってきてパワハラでは？」と思っています。

Thinking Time	どのような点が、ハラスメントの芽に当たると思いますか？また、どうすればグレーゾーンを回避できるでしょうか？自分の考えを書いてみましょう。

長時間労働の是正は、職場の喫緊の課題。
しかし、上司のサポートなしでは状況は改善しない。

企業で働くうえで切っても切り離せない問題が時間外労働です。働き方改革の推進により、長時間労働の是正に取り組む企業が増えています。しかし、依然として時間外労働や休日勤務を余儀なくされている人は多く、過労死や自殺、精神的な病気などの問題が数多く発生しています。また、疲労による仕事の効率性・生産性の低下、健康問題による休職や離職というデメリットも生まれるなど、職場をマネジメントする上司として、早急に手を打たなければならない問題のひとつです。

ケースの部下は、仕事が抜群にできるため上司からの信頼が厚く、仕事が集中していた状態でした。部下本人もなんとか期待に応えようと、毎日がんばって仕事を回していました。そこに、上司から「残業禁止は会社の方針だから時間をやり繰りしろ」と一方的な言い方をされたのです。部下としては、上司の言い方に「無茶を言われた」と思うのは当然のことだといえるでしょう。

また、部下は「パワハラではないか」と考えています。今回のケースは、パワハラの六類型のひとつ、遂行不可能な業務を押し付ける「過大な要求」に発展する可能性を含んでいます。

部下の仕事量のコントロールも上司の仕事のひとつです。単純に残業禁止と伝えるのではなく、仕事が集中している状況を改善するべきでした。たとえば、他のメンバーに割り振るなど、上司が中心になって仕事量を減らしたうえで、残業禁止と言っていれば、部下の不満が募ることはなかったはずです。部下が一人で工夫できる範囲はかぎられています。上司としてのサポートが大切です。なお、サービス残業の強要は絶対に行なってはいけません。

Point

- 長時間労働の是正は、上司として早急に手を打たなければならない。
- サポートをせずに指示するだけでは部下の不満が高まってしまう。
- 部下の状況に応じた仕事量のコントロールを忘れてはいけない。

CASE 20
教えてもらっていない仕事を……

遠藤くんと坂本さんは営業部の中堅社員としてチームを引っ張ることを期待されています。営業部の青木部長は、二人に成長のために取り組んでほしいと伝えたうえで、難しいレベルの仕事を指示しました。ところが、二人は何から手をつけたらいいかわかりません。青木部長にアドバイスをもらいにいきましたが、「自分たちで考えなさい。これは君たちの責任でする仕事だ」と突き放されてしまったのです。二人は「教えてもらっていないのに、できるわけない」と不満そうです。

Thinking Time

どのような点が、ハラスメントの芽に当たると思いますか？
また、どうすればグレーゾーンを回避できるでしょうか？
自分の考えを書いてみましょう。

部下の成長のために経験を積ませるのは上司の役割。
しかし、サポートがなければ、パワハラになる可能性も。

ケース2で、部下に難しい仕事の指示をする時は、目的や意味を共有するためにコミュニケーションが欠かせないと述べました。しかし、必要なコミュニケーションはほかにもあります。それが、このケースの上司に欠けていた「指導・アドバイス」です。

部下たちは、上司から与えられた難しい仕事をやり遂げた経験がなかったため、上司にアドバイスを求めにいきました。しかし、上司は「自分たちで考えろ」と指導をしなかったばかりか、「君たちの責任でする仕事だ」と厳しいコメントをしています。部下たちが上司の対応に不満を感じるのも当然だといえるでしょう。

パワーハラスメントの六類型のひとつ「過大な要求」は、必要な教育をせずに高いレベルの仕事を与え、できなかったことを叱責する言動も含まれます。今回のケースは、明らかに上司の教育が不足しています。このまま指導をせずに部下たちが仕事をやり遂げられなかった時、上司が厳しく叱責をするようなことがあれば、パワハラになってしまう可能性もあります。

ケースの上司は、自分たちで考えてやり切ってほしいと思っていたのかもしれません。しかし、本人たちが困っているのであれば、手を差し伸べ、必要なアドバイスをしてあげるべきだったのではないでしょうか。

部下の成長を望み、成長のための経験を積ませるのは上司の役割のひとつです。しかし、部下が仕事に取り組む過程には、上司が寄り添う姿勢が不可欠です。部下が孤独を感じず、常に安心してレベルの高い仕事にチャレンジできるように寄り添ってあげましょう。

🔑 Point

● 必要な教育をせず、できなかったことを叱責するのもパワハラ。

● 部下が困っているのであれば、手を差し伸べ、アドバイスをする。

● 部下が孤独を感じずに、安心して仕事するためにはサポートが欠かせない。

CASE 21 一番若いから？

新入社員の斉藤さんが働いている営業部では、営業アシスタントがいないため、自分の担当の仕事は雑務も含めてそれぞれがする決まりになっています。ところが、コピー用紙の発注や切手の手配など、誰がするわけでもない雑務が時々発生することがあり、決まって斉藤さんが「一番若いからね」と指示されます。斉藤さんは、「若いから」が理由で自分がすると決めつけられているのを不満に感じています。

Thinking Time

どのような点が、ハラスメントの芽に当たると思いますか？また、どうすればグレーゾーンを回避できるでしょうか？自分の考えを書いてみましょう。

担当業務以外でもいろいろな雑務はある。
勤続年数に応じた雑務でも仕事の状況によってサポートを。

パワーハラスメントの六類型のひとつに「過小な要求」があります。これは嫌がらせなどで誰にでもできる簡単な仕事しか与えないことです。たとえば、延々とコピーを取らせる、一日中ずっと掃除を命じる、雑用ばかりで仕事に参加させないなどの行為が、過小な要求としてパワハラになる可能性があります。

今回のケースでは、担当が決まっていない雑務を「若いから」という理由で指示されることに新入社員が不満を持っていました。しかし、指示される雑務は時々発生するものであり、仕事ができなくなるほどの量ではありません。また、自分の担当の雑務は自分でする決まりになっており、部のすべての雑務を新入社員に押し付けているわけでもありません。さらに、仕事と無関係の雑務でもありませんでした。したがって、過小な要求には当たらないと考えられます。

しかし、不満を感じているということは、上司として配慮が必要だったといえるでしょう。

学習論のひとつに「正統的周辺参加」というものがあります。これは、組織の中で学習者は最初に周辺のことから参加を始め、熟達に応じた役割を果たしながら参加の度合いを深めていくという考え方です。つまり、新入社員の頃は簡単な業務をして職場に参加することが最初の一歩なのです。「若いから」という理由は、一概に間違った基準ではないといえます。

しかし、仕事の指示は本人にとっても納得のいくものである必要があります。仕事を習得していくうえで必要なプロセスであるということをしっかりと説明し、理解してもらってください。もちろん、新入社員が手一杯の時は、他の人が手伝ってあげるサポートも欠かせません。

🔑 Point

● 雑務ばかりを押し付けると過小な要求としてパワハラになる可能性がある。

● 新入社員の頃は簡単な業務をして職場に参加することが最初の一歩。

● 「若いから」だけではなく、部下が納得する説明とサポートを。

CASE 22

○○くんはもっと……

もっと
成果を

福田くんはもっと
伸びる！
発破をかけよう

人と比べる
なんて……

西村くんが
君くらいの
頃には……

それに比べたら
君は……

入社五年目の福田くんは、仕事は細かく正確で成果もしっかりと出しています。上司の太田部長は、福田くんはもっと伸びると感じており、発破をかけるために「先輩の西村くんが君くらいの頃は、もっと成果を出していたよ。それに比べると君はね……」と言いました。たしかに、西村さんは仕事が抜群にできる人です。ただ、人と比べられたことに福田くんは不満を感じているだけでなく、ショックを受けてモチベーションが下がっています。

Thinking Time

どのような点が、ハラスメントの芽に当たると思いますか？
また、どうすればグレーゾーンを回避できるでしょうか？
自分の考えを書いてみましょう。

部下の成長を思っての発言でも、他人との比較は厳禁。
本人のことだけを取りあげて、成長を促すアプローチを。

部下の成長スピードを速めるために、あえて厳しいことを言って発破を
かける指導方法をとる人がいます。こうした言い方がパワハラになる
可能性について考えていきましょう。

パワーハラスメントの六類型のひとつ「精神的な攻撃」の中には、人格否定
をする発言が含まれます。ケースのような「先輩が君くらいの頃は、もっと成
果を出していたよ。それに比べると君はね……」という発言は、間接的に人格
を否定されたと相手に受け取られる可能性があります。ひどく傷ついてしまう
人もいるかもしれません。即パワハラとはならないまでも、他人と比較した言
い方はハラスメントの芽になり得るといえるでしょう。

人はそれぞれ、生まれや育ってきた環境、性格が違います。また、数年
前とは市場環境が変わり、成果が出にくくなっている場合も考えられ
ます。違って当然という前提があるにもかかわらず、同じ尺度で他人と比較し
ても参考にはなりません。当然、部下に響かないでしょう。

部下の成長を促す声かけをするのであれば、本人のことだけを取りあげて伝
えてください。たとえば、「二回目の商談に進めるように、プレゼン力を強化
しよう。そのためには……」というように、本人の改善点を伝え、どうすれば
良くなるのかを一緒に考えてあげてください。

また、成長のステップを示すことも効果的です。社歴に応じて求められる能
力を可視化し、それを部下と共有します。現時点で達成できているかを見比べ、
できていないところを伸ばす指導をしていけばいいのです。部下の成長を引き
出すには、言い方に工夫が必要だと理解しておきましょう。

🔑 Point

- 他人との比較は、精神的な攻撃になり得るハラスメントの芽といえる。
- 成長を促すには、本人の改善点を伝え、良くなる方法を一緒に考える。
- 部下の成長を引き出すには、言い方に工夫が欠かせない。

CASE 23　立場が違っても……

藤井さんは、仕事ができ、部のメンバーからの信頼が厚い派遣社員です。しかし、唯一、正社員の岡本さんとはうまくいっていません。岡本さんが藤井さんのことをよく思っていないのが原因です。

ある日、藤井さんが岡本さんに頼まれた仕事でミスをしてしまいました。それに対し、岡本さんは「ちゃんとチェックして。責任をとるのは私たちなんだから」と暗に派遣社員との立場の違いに言及するような発言をしていました。

 Thinking Time
どのような点が、ハラスメントの芽に当たると思いますか？
また、どうすればグレーゾーンを回避できるでしょうか？
自分の考えを書いてみましょう。

雇用形態の違いを理由にした発言はパワハラの可能性。
一人ひとりが生き生きと働ける職場づくりを。

かつて、会社員といえば、正社員で終身雇用という時代がありました。しかし現在は、ひとつの企業の中で正社員、契約社員、派遣社員、パートタイム労働者、アルバイトなど、さまざまな雇用形態の人が一緒に働くことが一般的になりました。ワーク・ライフ・バランスなど、それぞれの置かれた環境によって、雇用形態を柔軟に選ぶ時代になったのです。

こうしたなか、正社員がそうでない立場の人に行なうハラスメント行為が問題になっています。これは派遣いじめとも呼ばれ、早急に対処しなければならない重大な問題です。

改正労働施策総合推進法では、パワハラの防止措置を講じる対象となる労働者は、正規雇用労働者だけでなく、非正規雇用労働者を含むすべての労働者としています。つまり、雇用形態に関係なく、職場にいる全員が等しくパワハラから守られるべき対象なのです。

今回のケースでは、正社員が派遣社員に対して「責任をとるのは私たち」と仕事への責任の重さの違いを暗に匂わせるような嫌味を言っていました。これだけで即パワハラと判断はできませんが、根底に非正規労働者を下に見る考えがあると捉えられてもしかたがない発言です。ハラスメントの芽が存在していたといえるでしょう。

本来、立場の違いによる優劣は存在しません。その場で働く一人ひとりが、自分に与えられた責任を果たしながら、仕事に誇りを感じ、生き生きと働き、その能力を十分に発揮できる状態が理想です。上司として、そうした温かい職場環境づくりを目指していきたいものです。

🔑 Point

- 職場ではさまざまな雇用形態の人が一緒に働いていると理解する。
- 雇用形態が違っても、その場にいる全員がパワハラから守られるべき対象。
- 一人ひとりが能力を十分に発揮できる職場環境づくりを。

CASE 24 協力会社に対して……

金子くんは社内のプロジェクトのリーダーを任されています。他部門や協力会社と連携をとりながら、プロジェクトを進めていました。ある日、協力会社の担当者から「予想外の課題が出てきたため、試作品の提出が遅れる」とメールで連絡をもらいました。金子くんは、「ここまで順調に進んできたのに、協力会社の都合で仕事の進行が変更になってしまった。協力会社がクライアントの要望に応えられないなんて信じられない！」と強く憤慨しています。

 Thinking Time

どのような点が、ハラスメントの芽に当たると思いますか？
また、どうすればグレーゾーンを回避できるでしょうか？
自分の考えを書いてみましょう。

社外の人との間で起こるパワハラも対応が求められる。
サービスの受け手と提供者との間で優劣は存在しない。

これまでパワハラは、社内の人との関係で起きる問題が一般的でした。しかし、社内のパワハラだけでなく、社外の人との関係で起こるパワハラにも注意が求められるようになりました。

その代表的な例が「カスタマーハラスメント」です。カスハラとは、サービスの提供者と受け手側との間で起こるパワハラを指します。飲食店や小売店などのリアル店舗、ネットショップなど、あらゆる場面で問題となっています。

たとえば、気に入らない対応をしたコンビニエンスストアの店員を土下座させる。衣料品店で着用済の衣服の返品・返金を要求する。コールセンターのスタッフに二時間、理不尽な内容の不平を言い続ける。このようなトラブルが後を絶たないのです。

お客さまの声は、商品やサービスの改善のヒントになるものです。ところが、カスハラはクレームの域を超えた悪質なものが多く、見過ごせなくなってきており、厚生労働省の指針では、カスハラへの対応も企業に努力を求めています。

今回のケースでは、協力会社に直接的な被害はなかったものの、「協力会社はクライアントの要望に応えて当たり前」という考え方を社員が持っていたことは、カスハラに発展する芽があったといえます。

本来、サービスの受け手と提供者との間で優劣はありません。より良いサービスを作るために、お互いが認め合って、協力し合える関係を目指すべきです。そういう関係を仕事で関わるすべての人とつくっていくと、今よりももっと素晴らしい仕事ができるでしょう。そのことを忘れずに、相手のことを尊重し、相手が仕事をしやすい環境をつくるのも大切なことではないでしょうか。

🔑 Point

- カスハラなど、社外の人へのパワハラにも注意しなければならない。
- サービスの受け手と提供者に優劣があるという考えはハラスメントの芽。
- お互いが認め合って、協力し合える関係を目指していく。

CASE 25 上司の誘いを……

藤原くんは、三浦部長と一緒に取引先に訪問しました。その帰り道、三浦部長から「この近くにおいしい日本酒を出してくれる店があるんだ。せっかくだし、軽くどう？ 無理にとは言わないよ」と誘われました。藤原くんは、「部長と二人か……。嫌だな。でも断るのもな」と思い、「い、いいですよ」とお店に入っていきました。

どのような点が、ハラスメントの芽に当たると思いますか？
また、どうすればグレーゾーンを回避できるでしょうか？
自分の考えを書いてみましょう。

職場には、オフィス以外の場所も含まれる。 パワハラ防止には、場所への意識も欠かせない。

パ ワハラの定義の中に「職場において行なわれる」という表現があります。この場合の職場は、業務を遂行する場所を指し、オフィス、移動中の車内や取引先、テレワークをしている場所などをいいます。

また、就業後の飲み会の席などであっても、仕事上の人間関係が存在する場所も職場に該当します。実際に、居酒屋が実質的に職務の延長と考えられ、パワハラの認定がされた裁判例もあります。

したがって、パワハラを生まないためには、職場の捉え方が広範囲にわたることを理解し、仕事上の人間関係があるところならどこであってもパワハラになるような言動をしてはいけないと心得ておく必要があるでしょう。

今 回のケースでは、飲み屋に入るまでの会話がパワハラに当たるかどうかがポイントです。上司に誘われ、部下は気が進まない様子でしたが、しかたなくついて行きました。上司は「無理にとは言わない」と言い、お店に入る選択を部下に委ねています。たとえ、部下が上司との関係を忖度して断れなかったとしても、強要したとはいえず、パワハラになる可能性は低いでしょう。

飲み会に関連するパワハラには、たとえば、部下が断っているのにも関わらず強制的に連れて行く、飲み会中に無理やり飲ませる、断ったことで仕事から外すといった不利益な処遇をするなどの例があります。こういったパターンがあると知っておくのも大切です。

職場にはさまざまな種類がありますが、大切なのはどこであってもパワハラの疑いがかかる言動をしないことです。日ごろから意識を高めていれば、そもそもトラブルになることもありません。

🔑 Point

- ● オフィス以外も、業務を遂行する場所は職場に該当する。
- ● 飲み会にまつわるパワハラについて、パターンを理解しておく。
- ● どこであってもパワハラの疑いがかかる言動をしないことが重要。

84

第 4 章

セクハラの
グレーゾーン

― 第4章　掲載内容 ―

CASE 26 服装を注意され……

そういう服装は
職場にふさわし
くないよ

服装を指摘
するなんて
セクハラ!!

中野さんはおしゃれが好きです。最近買った新しい服を職場に着てきました。
メイクも服に合わせて、普段よりもしっかりとしています。
それを見た原田課長は、「そういう服装や化粧は職場にふさわしくないよ」と
やんわりと注意しました。すると、中野さんは「男性が女性の服装のことを指
摘するなんてセクハラだ」と思いました。

Thinking Time

どのような点が、ハラスメントの芽に当たると思いますか？
また、どうすればグレーゾーンを回避できるでしょうか？
自分の考えを書いてみましょう。

上司として、言うべきことははっきりと言う。
ただし、セクハラの観点から相手への配慮も忘れずに。

上司として、業務上必要なことは部下に伝える必要があります。ケースのように、職場でビジネスにふさわしくない服装をしている部下がいたら注意をするのは上司として当然の行為です。しかし、相手への配慮に欠けた注意の仕方をしてしまうとセクハラの芽が生まれてしまう可能性があります。その点に注意しなければなりません。

セクハラになり得る注意の表現には次のようなものがあります。

「スカートが短くて下着が見えそうだ。もっと丈の長いのを穿きなさい」

「化粧が濃すぎないか？　ちょっと派手だな」

下着というデリケートな話を露骨に口にしたり、「化粧が濃い。派手」という表現を使ったりすると、相手は不快に感じます。セクハラになる可能性が生まれてしまうのです。

このケースでは、「職場にふさわしくない」という表現で注意していました。セクハラになるような露骨な表現ではありません。相手に配慮した言い方だといえるでしょう。

しかし、異性の上司から服装などを注意されるのが、そもそも不快だと感じる人も少なくありません。念には念を入れて、同性の先輩やリーダー的な立場の社員を通じて、注意するのもセクハラを避けるためには効果的な方法です。

セクハラのグレーゾーンを回避するためには、上司の側に多くの配慮が必要になります。「そこまでやるのは……」と感じる人もいるでしょう。しかし、放置しておくと、部下のためにも職場のためにもなりません。配慮をしつつも、上司として言うべきことは言うという姿勢が重要なのです。

🔑 Point

- 業務上、言わなければならないことは配慮しつつもはっきりと言う。
- セクハラにならないような表現を選んで相手に注意を。
- 異性から服装などを注意されるのを不快に感じる相手もいる。

CASE 27 二人でランチに行くのは……

> 今からお昼？
> よかったら
> 一緒に行く？

> えっ！
> 二人きり……？

> えっと……
> だ、大丈夫です

松田さんは、ランチに出かけようとしています。エレベーター前で、たまたま上司の中川部長と一緒になりました。すると、中川部長から「今からお昼？ よかったら一緒にランチに行かない？ 仕事の話も聞きたいし」と誘われたのです。松田さんは「二人きりって、セクハラっぽい」と感じ、中川部長の誘いを断りました。

Thinking Time

どのような点が、ハラスメントの芽に当たると思いますか？
また、どうすればグレーゾーンを回避できるでしょうか？
自分の考えを書いてみましょう。

89

相手の感じ方によってはセクハラの芽になり得る。
配慮を重ねて、無用な誤解を生まないような心がけを。

職 場のメンバーとランチに行くのはごく自然なことです。その場にいる人に声をかけ、オフィス近くの飲食店に行く光景は、どこの職場でも見られます。しかし、部下の女性にはセクハラという疑念が生まれたのです。

今回のケースでは、男性の上司がエレベーター前で出会った女性の部下をランチに誘いました。その時、周囲には誰もおらず、二人きりでランチに行くことになる状況でした。女性の部下は、二人きりという状況に「セクハラっぽい」という不安を感じたのです。

しかし、上司と部下がエレベーター前で出会ったのはたまたまです。意図せずに生まれた状況だと考えられます。したがって、今回の上司の行為は、ただちにセクハラにはならないでしょう。

ただし、わずかながらも部下が不安を感じたのであれば、配慮も必要だったかもしれません。二人きりというシチュエーションが、誤解を招いた理由であるため、他の社員を誘うなどの配慮をしていれば、今回のようなセクハラの芽は生まれなかったといえます。また、コミュニケーションが目的なのであれば、職場で会話をする機会を設ける方法もあります。

も し、この上司が、女性の部下だけを執拗にランチに誘っていたのであれば、セクハラの可能性が出てくるため注意が必要です。もちろん、食事中に性的な言動や身体の接触があれば、即セクハラになります。

よかれと思ってしたことであっても、相手の感じ方によってはセクハラの芽になり得ることを理解しておきましょう。難しい対応が必要になりますが、慎重を期すのもトラブルを避けるためには必要な心がけなのです。

🔑 Point

- ● セクハラになり得るシチュエーションを避けるような配慮が大切。
- ● 即セクハラになるケースも理解しておく。
- ● 相手に誤解されないために、慎重を期して行動する。

CASE 28 好き嫌いで……

竹内さんは、上司の小野課長に憧れがあり、好感を持っています。ある日、小野課長から「彼氏はいるの？」とプライベートの質問をされ、笑顔で答えていました。違う日、今度は先輩の田村さんから「この前の休みの日、どこか行った？」とプライベートの質問をされました。しかし、竹内さんは田村さんが苦手です。「プライベートなことを聞くなんてセクハラ」と感じ、不満を持っていたのです。

Thinking Time

どのような点が、ハラスメントの芽に当たると思いますか？
また、どうすればグレーゾーンを回避できるでしょうか？
自分の考えを書いてみましょう。

セクハラは、その行為に妥当性や合理性があるかが判断の基準。一方、「相手がどう感じたか」も重要な要素。

セクハラの判断基準のひとつに、相手の受け止め方、つまり相手が「セクハラと感じたらセクハラ」という視点があります。被害を受けた側の立場に立った大事な視点ですが、主観を重視しつつもその人がセクハラと感じたことに「一定の客観性」がなければセクハラにはなりません。

では、今回のケースはどうでしょうか。同じようにプライベートの質問をされているにもかかわらず、相手に対しての私的な感情でセクハラかどうかの判断が変わっています。客観的に見ると、そこに妥当性や合理性はありません。

セクハラを受けたと感じた側は、感情的になりがちです。冷静な判断ができません。したがって、感情の赴くままに「セクハラだ」と言ってしまうケースもあるでしょう。しかし、安易な発言をすると、周囲の人はその人と接することを敬遠し、いずれ職場から孤立してしまう可能性もあります。そうしたことをしっかりと説明し、自身の言動について慎重に、かつ冷静に判断できるように、適切に指導していくことが上司に求められる役割でもあります。

また、上司と先輩はプライベートのことを聞いていました。しかも、女性社員が好感を持っている上司は彼氏のことを聞いています。一般に、プライベートの男女間のことを聞くのは、セクハラになりやすいといわれており、配慮が足りない発言でした。今回のケースでは、上司のほうがセクハラになる可能性が高かったといえます。十分に注意しなければなりません。

セクハラの対象になる言動は、本来、業務と関係のないものですから、安易な言動は、トラブルのもとだと理解しておきたいものです。

Point

- 「相手がどう感じたか」という視点もセクハラ判断の重要な要素。
- 安易な発言をすると、周りの人から敬遠されてしまう可能性がある。
- プライベートの男女間の質問はセクハラになる発言。

CASE 29 同性しかいないのであれば……

中山くんは、同期の男性陣だけで暑気払いの飲み会をしています。気心の知れた仲間同士、大盛り上がりです。飲み会が終盤に差しかかった頃、ある一人が「こんな話、女性陣がいたらできないからさ」と下ネタを話し始めました。最初は笑って聞いていた中山くんでしたが、話がどんどんディープになり……。「この手の話題は本当に嫌だ」と深い溜め息をついていました。

Thinking Time

どのような点が、ハラスメントの芽に当たると思いますか？また、どうすればグレーゾーンを回避できるでしょうか？自分の考えを書いてみましょう。

相手の性別に関係なく性的な言動をするとセクハラに。
自分たちさえよければいいという判断はNG。

一般的に、セクハラは男性から女性にするものという印象が強いため、女性から男性へのセクハラ、同性同士のセクハラへの注意の意識はまだまだ浸透していません。

しかし、厚生労働省の指針では、男性から女性への言動だけでなく、女性から男性、同性同士の言動もセクハラになると言及されています。つまり、相手の性別に関係なく、相手の意に反する性的な言動をしてはならないのです。その観点から、今回のケースを考えていきましょう。

入社以来、切磋琢磨してきた仲間同士、強い絆があるのでしょう。同期の男性陣だけの飲み会はとても盛り上がっていました。そして、お酒が入り、度を越した下ネタが始まったのです。話のきっかけをつくった社員が「女性陣がいたらできないから」と言っているように、下ネタがセクハラになるという認識はあるようです。ところが、男性だけの場であれば何を話してもいいと思い込んでいました。この考えがセクハラの芽になり得るといえます。

現に、一人の社員は下ネタを「本当に嫌」と思っています。この社員からすれば、何の躊躇もなく下ネタを話す同期たちはセクハラの加害者といってもいいでしょう。異性がいなければ何を話してもいいという思い込みは、即刻、改めなければなりません。

セクハラは男性から女性への行為に限定されないと理解しておくこと、同性同士なら制限なく性的な話ができるという考えを持たないこと、そして気心が知れた相手であってもしっかりと配慮をすることがセクハラ防止に欠かせない要素です。自分が安易な言動をしていないか、振り返ってみましょう。

🔑 Point

- 女性から男性、同性同士でもセクハラになることを理解する。
- 同性同士なら性的な話ができるという感覚は捨て去るべき。
- 安易な言動をしていないか振り返り、相手に対しての配慮を。

CASE 30

行きたいと言うから……

和田さんは、誰とでも親しくなれる明るい性格です。ある日、石田部長は和田さんとエスニック料理のお店の話をしていました。すると「私、エスニックが好きなんです。行きたいです」と言われたのです。マメな性格の石田部長はその話を覚えており、喜んでもらいたいという気持ちで、和田さんとの同行出張の帰りに「エスニック料理を食べに行かないか。すぐ近くなんだ」と誘いました。ところが和田さんは、「まさか本当に誘ってくるなんて。これって……」とセクハラだと疑問を持ってしまいました。

Thinking Time　どのような点が、ハラスメントの芽に当たると思いますか？
また、どうすればグレーゾーンを回避できるでしょうか？
自分の考えを書いてみましょう。

異性の部下と二人きりのディナーは避けるのが無難。
相手に自分の言動がどう受け止められるか意識しておく。

異性の部下と二人きりで終業後に食事に行くことがセクハラに当たるか
という点が今回のケースのポイントになります。

　上司は、律儀に部下との会話を覚えており、喜んでもらいたいという気持ち
で食事に誘いました。しかも、たまたま仕事で近くに来ており、そのまま行け
る状況だったという理由もあります。

　一方、部下は「本当に誘ってくるなんて」と思っています。「エスニックに
行きたい」と上司に言ったのも会話のノリのようなものだったのでしょう。そ
れを真に受けた上司に驚いている様子です。部下からすれば、上司の言動はセ
クハラの芽になり得るものだったのです。

部下と食事に行くだけであれば、基本的にはセクハラにはなりません。
ただし、上司と部下という職場の力関係が、部下が上司の誘いを断り
にくくしている可能性も認識しておく必要があります。また、ランチはともか
く、ディナーに二人きりで行くのは避けるべきでしょう。

　つまり、上司から誘われたら断りにくいという背景があるものとして自身の
言動を振り返る習慣が大切なのです。また、セクハラは思い込みが原因になる
場合が少なくありません。相手が誘いに応じたからといって、自分に好意があ
ると早計に思わないことも大切な視点になります。

　今回の上司のように、善意での誘いが相手の受け取り方によってネガティブ
なできごとになるのはお互いにとって残念なことです。そうならないためには、
不用意な言動は避けること、そして日ごろから相手に対して配慮した言動を心
がけることが大切なのです。

🔑 Point

- 部下と二人きりでのディナーは避けるほうがよい。
- 職場の力関係で部下が断りにくい可能性があることも認識しておく。
- 自分の言動が相手にどう受け止められるのかを意識しなければならない。

CASE 31 自分の判断で……

原課長は、部下の森田さんから「部長からセクハラを受けた」と相談されました。そこで、事実確認をするために、原課長は森田さんがセクハラを受けた状況を見ていた若手の男性社員にヒアリングをすることにしました。

すると、「自分はそうは思わなかった。考えすぎでは？」という回答が返ってきたのです。原課長自身、森田さんの訴えはオーバーな気がしています。そこで、「今回のはセクハラではないと思う。考えすぎよ」で森田さんに伝えました。森田さんは、不満を感じると同時に、ひどく傷ついてしまいました。

Thinking Time	どのような点が、ハラスメントの芽に当たると思いますか？また、どうすればグレーゾーンを回避できるでしょうか？自分の考えを書いてみましょう。

セクハラの判断は会社の専門組織などで行なうもの。 相談を受けた人が、自分の考えで安易に判断してはいけない。

セカンドハラスメント（二次セクハラ）が急増しています。これは、ハラスメントの相談をした人が、相談をしたことで二次的に傷つく被害のことです。被害者を守るうえでも、職場からハラスメントをなくすうえでも、相談を受けた人が適切に対応し、セカンドハラスメントを生まないような注意が必要です。

このケースで相談を受けた上司は、本人へのヒアリングや周囲への事実確認など、冷静に対応し「セクハラではない」と判断しました。一見、正しい対応のように見えますが、この判断が新たな火種を生みかねないのです。

たとえ、上司の判断が正しいものだとしても、加害者の疑いがある人は相談を受けた上司の上席です。相談者に「上司のことを擁護しているのではないか」と思われる可能性があります。そうなれば疑問が残り、解決には至りません。適切な相談対応ができていたとはいえないのです。

セクハラの相談を受けたら、内容にかかわらず相談窓口に話を持っていくようにします。ただし、相談者の合意を得ることも大切です。なかには「おおげさにしたくない」「人に知られたくない」という人もいるかもしれませんが、相談窓口はセクハラなどのハラスメント問題を専門的かつ客観的な立場で調査・判断するために設置されており、秘密は確実に守られます。職場からセクハラをなくすためにも、問題が起きたら相談窓口に話すべきです。まずは、安心して利用するように説得してください。

セクハラはデリケートな問題です。相談対応を間違えると人間関係だけでなくチーム運営にも悪影響が出ます。そのため適切な相談の受け方を上司が理解しておくことも重要になるでしょう。

Point

- 自分の対応がセカンドハラスメントになっていないか注意する。
- 自分で判断を下すと新しい火種になるため、かならず相談窓口に。
- 正しい相談の受け方を理解しておくことも重要。

CASE 32 自分の感覚とは……

○○部の部長から
セクハラを
受けました

この間の休みに
○○で見かけたけど
私服は雰囲気が違って
華やかだねと言われ
たんです…

そうか…

日常会話
なのでは…？

酒井部長は、部下の内田さんから「他部門の部長にセクハラをされた」と相談されました。内田さんは「休みに駅前のショッピングセンターで見かけたよ。いつもと雰囲気が違って華やかな服装をしていたね」と言われたと説明をしました。そして、プライベートのことを話題に出されたこと、服装について言及されたことが嫌だったと主張しています。酒井部長は、「日常会話では？」と感じ、はぐらかすような態度をとりました。内田さんは酒井部長の態度にも不満を感じています。

| Thinking Time | どのような点が、ハラスメントの芽に当たると思いますか？また、どうすればグレーゾーンを回避できるでしょうか？自分の考えを書いてみましょう。 |

勇気を出して相談した相手を守ることを第一に考える。
そのために、自分の感覚とズレていても真摯な対応を。

セカンドハラスメントの典型例のひとつが、まともに相談に乗らないというケースです。勇気を出して相談したにもかかわらず、相手が真摯な態度で相談に応じてくれなかったら、信じていた相手から裏切られたような気持ちになり、被害者の心の傷はさらに大きくなってしまいます。

厚生労働省のセクハラの指針には、「相談窓口を設けて担当者が適切に対応する」という項目が盛り込まれています。セクハラ被害の拡大防止対策を企業に求めているのです。相談窓口は、秘匿性が確保されており、社員は安心して利用できるようになっています。

しかし現実には、まず身近な上司に相談するケースが少なくありません。したがって、上司は適切な相談の受け方を理解しておく必要があります。

このケースでは、相談者の感覚と自分の感覚とにズレがありましたが、上司は自分の感覚を優先したために真摯な態度で話を聞いていませんでした。問題を目の前にしているにもかかわらず、逃げるような態度をとったのです。これでは、相談者の不満が募る一方で、解決しないばかりか問題が大きくなる可能性があります。相談を受ける人の態度として不適切でした。

部下からハラスメントの相談を受けた場合、まず、最後まで話を聞き、社内の相談窓口に取り次ぐことが求められます。自分の判断で解決しようとするのはもちろん、相手の訴えをうやむやにしてはいけません。

大切なのは、相談者を守り、セクハラ被害の拡大を防ぐことです。まず、勇気を出して相談してきた相手の気持ちを尊重してください。そして、自分の判断を入れず、真摯な態度で相談を受けることがポイントです。

🔑 Point

- 身近な上司に相談するケースが多いため、適切な相談対応を理解する。
- 最後まで話を聞き、社内の相談窓口に取り次ぐ。
- 相談してきた相手の気持ちを尊重することが被害拡大の防止には重要。

CASE 33 取引先の担当者と……

柴田さんの送別会を企画したいんだ!!

空いてる予定を教えて!

そんなことしなくていいのに…

Aメーカーの宮崎課長は、仕入先の女性担当者である柴田さんから「来月から担当が変更になる」と聞きました。宮崎課長は驚き、残念に思い、「これまでお世話になったから送別会をしましょう」と柴田さんに言いました。柴田さんは、最初は断りましたが、なかなか聞き入れてくれないため、「次の担当者も一緒に……」と言いました。すると、宮崎課長は「気心が知れた者同士でやりましょう。いつが空いていますか?」と暗に二人で行くことを匂わせ、強引に話を進めようとしたのです。取引先からの誘いで、柴田さんは困っています。

Thinking Time

どのような点が、ハラスメントの芽に当たると思いますか?
また、どうすればグレーゾーンを回避できるでしょうか?
自分の考えを書いてみましょう。

当然、社外の関係者に対してもハラスメント行為はNG。
取引上の立場の差はハラスメントの芽になりやすいため注意。

発 注・受注というビジネスの流れの中では、企業関係、人間関係に暗黙のうちに立場の差を生み出してしまいがちです。こうした背景から生まれる、パワハラの要素を含んだセクハラ被害が増えています。

ところが、これまでは利害関係への懸念が先に立ち、被害を受けた側が、加害者側の企業に対して具体的なアクションを起こしにくい状態でした。いわば、泣き寝入り状態です。

そこで、広くセクハラを防止するという目的から、加害者側の企業は被害者側の企業から調査協力などを求められたら、それに応じる努力義務が生じると法律で規定されたのです。

今 回は、半ば強引に送別会を開こうと決めたこと、明言はしていないものの二人で行くことを匂わすような言い方をしていることが問題です。取引先の女性担当者からすれば、断りにくい雰囲気の会話になっていたことは否めません。セクハラだけでなく、パワハラの要素もあり、「ハラスメントの芽」が存在しています。反省し、改めるべき言動です。

もし、女性担当者が会社に相談した場合、相手の企業からセクハラの疑いがあると調査を求められる事態に発展していた可能性もあります。そうなれば、両者の間にわだかまりが生じることになりかねません。取引にも影響があるでしょう。お互いにとって不幸な結果を招きます。

社内だけでなく、取引先など社外の人たちにも適切に配慮することがセクハラ防止では欠かせません。そうした意識が、ハラスメントの芽を生まないだけでなく、より良い関係、より良いビジネスにつながるのです。

🔑 Point

- 利害関係への懸念から、被害を訴えにくいこともある。
- 被害者企業からの調査協力に応じる努力義務が法律で規定されている。
- 社外の人にも社内の人と同じように配慮しなければならない。

CASE 34 独身女性のことを……

柴田くんと宮崎くんは、独身の女性の上司について、「横山課長って四十歳過ぎているんだね」「いつもの様子を見ていると結婚できない理由がわかる気がするよ」など、結婚をしていないことをからかうような発言をしていました。その様子を、たまたま通りがかった高木部長が見ていましたが、柴田くんと宮崎くんは横山課長のことを慕っているという普段の関係を知っているため、「冗談でふざけていただけだろう」と考え、あえて注意しませんでした。

Thinking Time

どのような点が、ハラスメントの芽に当たると思いますか？
また、どうすればグレーゾーンを回避できるでしょうか？
自分の考えを書いてみましょう。

冗談でも言っていいことと、悪いことがある。
上司の責任を放棄すると、事態がエスカレートする可能性も。

の**こ**ケースでは、社員二人が、結婚をしていない女性の上司のことをからかう発言をしていました。

　結婚や出産に関する考え方を押し付けたり、安易な発言をしたりすると、セクハラになるので注意が必要です。今回のケースでは、職場の環境を悪化させる環境型セクハラに該当する可能性が高いといえます。

　このケースにはもうひとつ問題があります。男性上司が社員二人の発言を不問にしていたことです。上司としては、普段の関係性を見て「冗談だろう」と考えたようですが、冗談であっても言っていいことと悪いことがあります。今回の発言は、当人たちの関係性に関わらず、言ってはいけないことでした。

　ケースの上司の対応は、部下を注意指導するという上司としての責任を放棄した重大な問題行為であり、職場にセクハラを容認する風土をつくってしまう可能性もあります。事態がエスカレートして本当のセクハラに発展してしまってからでは遅いのです。

場には**職**さまざまな価値観を持った人がいます。結婚を幸せだと感じる人、結婚はしなくてもいいと思っている人、専業主婦を好む人、仕事のキャリアを追い求める人など、多様な価値観を持った人の集まりが職場です。

　どういう価値観を持つかは本人の自由ですが、それを周囲に押し付けたり、軽率な発言をしたりするとセクハラになる可能性が高まります。さまざまな価値観を持った人がいるからこそ、お互いに尊重し合うことが重要になります。働きやすい職場を目指して、上司が良い職場風土づくりを積極的にリードしていくことが大切なのです。

🔑 Point

- 結婚や出産に対して、軽率な発言をすると環境型セクハラになる。
- 注意指導する上司の責任を放棄するとセクハラ容認の風土になってしまう。
- 多様な価値観を尊重し合い、働きやすい職場風土づくりを。

CASE 35
フランクな 呼び方をするのは……

祐美ちゃん おはよう！

香里ちゃん！ あの案件 どうなった？

あ、はい

う〜ん

安藤部長は、いつも明るく、誰とでも分け隔てなく良い関係をつくれる人です。また、仕事もできるため、部下からの信頼も厚く、社内でも一目置かれています。しかし、ひとつだけ、安藤部長に対して良くない意見があります。それは、部下のことを呼ぶ表現がフランクすぎるという点です。安藤部長は、仕事中であっても親しみを込めて「祐美ちゃん」「香里ちゃん」と女性のことを名前に「ちゃん」をつけて呼ぶのです。女性社員たちは、良い気持ちがしていません。

| Thinking Time | どのような点が、ハラスメントの芽に当たると思いますか？また、どうすればグレーゾーンを回避できるでしょうか？自分の考えを書いてみましょう。 |

職場の仲間同士、良い関係を築くことは重要。
ただし、相手に不快感を与える言動は厳禁。

企業によって、社員同士の呼び方に違いがあります。かならず上司には役職名をつけるところ、一律で○○さんとしているところなど、企業の文化や風土によって違いがあるでしょう。

また最近では、社員同士がニックネームなどで呼び合っているカジュアルな企業もありますが、これには組織内の一体感を醸成する目的など、確たる理由があります。つまり、あくまでもオフィシャルな場での呼び方なのです。今回のケースのように、上司個人の好みでフランクな呼び方をしているわけではありません。

このケースの上司は、女性社員のことを「名前＋ちゃん」で呼んでいました。本人としては親しみを込めたつもりだったのかもしれませんが、女性社員たちはよく思っていません。

実際は、女性社員たちのことを「ちゃん付け」で呼ぶことだけで性的な意味が含まれた言動、性的による差別意識にもとづく言動だと断定はしにくいため、この上司の言動がただちにセクハラになることはないと考えられます。

しかし、女性社員たちは不快感を持っています。その事実を鑑みるとグレーゾーン、つまりセクハラの芽があったといえます。仕事を遂行するうえでふさわしい呼び方に直すべきでしょう。

同じ職場で働く者同士、互いに親しみを感じ合って、良い関係を築いていくことは非常に重要です。組織に一体感が生まれ、仕事の成果にも好影響が期待できます。しかし、その方法が相手に不快感を与えていないか、職場にふさわしいものかと改めて振り返ってみることが重要ではないでしょうか。

🔑 Point

- ● ただちにセクハラにはならなくても、相手が不快感を持った事実は重い。
- ● 仕事を遂行するうえでふさわしい呼び方をしなければならない。
- ● 相手に不快感を与えない方法で人間関係を築いていく。

CASE 36 本人が言っているのであれば……

宮本さん ○○さん バイセクシュアルなんだって

本人が言っていたし教えてもいいだろう

大野くんと宮本くんは、頻繁に一緒に飲みに行くほど仲が良い同期です。ある日、結婚についての話題が出た時、宮本くんは「自分はLGBTなんだ」と大野くんにカミングアウトしました。大野くんは「みんな知っているの？」と聞いたところ、「言っていないけど、別に隠してもいないよ」と宮本くんは答えました。大野くんは、本人がそう言っているのであればいいと思い、他部門の同僚にその話をしてしまいました。

どのような点が、ハラスメントの芽に当たると思いますか？
また、どうすればグレーゾーンを回避できるでしょうか？
自分の考えを書いてみましょう。

本人が望まぬアウティング（暴露）は、重大なハラスメント行為。すべての人を尊重する意識を持つことが大切。

　世界的に性の多様性を尊重することが当たり前になっています。言うまでもなく性的指向は個人の自由であり、性的アイデンティティも他者から強制されたり、決めつけられたりするものではありません。しかし、日本の職場ではLGBTに対する理解はまだまだ浅く、本人へのセクハラが後をたたないのです。人権を守るためにも、根絶しなければならない喫緊の課題です。

　今回のケースは、本人の同意を得ることなく他人に話す「アウティング（暴露）」と呼ばれる行為です。信頼した人だけに話したことを勝手に広めるのは、本人への裏切りであり、深く傷つけてしまいます。また、望まぬアウティングはパワハラの三要素を満たせばパワハラになることにも注意が必要です。

　ケースのアウティングをしてしまった社員からすれば、本人が「別に隠していない」と言ったため、話してもいいと考えたのかもしれませんが、だからといって言い広めていいわけではありません。話した中に理解のない人がいる可能性、噂が広範囲に広がる可能性も考えておくべきでした。

　LGBTにまつわるセクハラは、本人がカミングアウトしていないことも少なくないため、表に出ることが少ない傾向があります。しかし、そういった人に対するハラスメントが存在することを理解し、日ごろの言動に注意しなければなりません。また、特定の人に向けられたものではない言動も厳禁です。

　ジェンダーに関する問題はデリケートです。男性だから、女性だから、という意識にとらわれず、その人自身を尊重する意識を持って、すべての人に接することが大切です。そうすれば、セクハラのない職場に近づくでしょう。

🔑 Point

- ● アウティングは許されない行為だと心得ておく。
- ● LGBTへのハラスメントが存在することを理解し、最大限の注意を。
- ● 性別に関係なく、その人自身を尊重する意識が欠かせない。

CASE 37 オンライン面談で……

小島さんは、谷口課長とＷｅｂ会議システムを使ってオンライン面談をしています。話がひと通り終わった時、谷口課長から「お互いに自宅にいるのに仕事の話をするのって新鮮だよね。服装もいつもと違うし」と言われました。小島さんは愛想笑いをしてごまかしましたが、「あえてそう言わなくてもいいんじゃないか」と不快な気持ちになりました。

 Thinking Time

どのような点が、ハラスメントの芽に当たると思いますか？
また、どうすればグレーゾーンを回避できるでしょうか？
自分の考えを書いてみましょう。

セクハラ

オンラインでのセクハラが起きている。
便利なツールも使い方を間違えればセクハラの原因に。

在宅勤務やシェアオフィスなどでのテレワークが浸透し、さまざまなツールが活用されています。Ｗｅｂ会議システムもそのひとつです。いつでもどこでも面談や会議ができるため、準備や移動の時間の削減、会議資料の用意の簡便化、運用コストの削減など、Ｗｅｂ会議システムにはさまざまなメリットがあります。

　しかし、デメリットも生まれています。そのひとつが、オンライン上で起きるセクハラです。実際の仕事には関係のない「服装を見たいから立ってみて」「部屋を映して」「メイクがいつもと違うね」「旦那さん（奥さん）を映して」などとプライベートに介入するような発言をするというものです。これらは、ＳＮＳやネットニュースで「リモートセクハラ」とも呼ばれ、新しいセクハラとして注目されています。

今回のケースは、上記のような直接的な表現ではなく、オンライン面談の感想のようなものと考えることもできますが、仕事には無関係の発言です。受け取る側の印象によっては、「プライベートに介入されそうになった」と言われる可能性があります。したがって、上司の発言はセクハラの芽になり得るものといえるでしょう。

　どこにいても仕事をしている場所は職場です。つまり、オフィスにいる時と同じようにセクハラにつながる発言は慎む必要があります。本人の体調や家庭の問題など仕事の進行に影響すること以外は、プライベートに関わる話題をしないように注意しなければなりません。便利なツールも使い方を間違えればトラブルのもとになります。適切な運用を心がけましょう。

🔑 Point

● リモートセクハラのパターンを理解し、発言は慎まなければならない。

● どこにいても仕事をしている場所は職場と見なされる。

● 使い方を間違えればトラブルになるため、適切な運用が欠かせない。

CASE 38 褒めたつもりが……

いや、彼女が特別なんですよ 優秀なので

男性を使いこなしていくのかな 男性もがんばらないと！

女性で管理職ってすごいですね うちは男性社会で

工藤課長は、女性の管理職です。メンバーからの信頼が厚いだけでなく、個人としてもトップクラスの成績を出しています。ある日、上司の今井部長と取引先に訪問した時のことです。取引先担当者が「女性で管理職ってすごいですね。うちはまだ男性社会だから」と発言しました。今井部長は、「いや、彼女が特別なんですよ。優秀なので」と答えると、担当者は「男性もがんばらないといけませんね」と言いました。工藤課長は、女性で管理職ということをあえて話題に出され、不快な気持ちになりました。

Thinking Time

どのような点が、ハラスメントの芽に当たると思いますか？また、どうすればグレーゾーンを回避できるでしょうか？自分の考えを書いてみましょう。

性別による役割分担意識はセクハラのもと。
性別に関係なく全員が前向きに働ける職場づくりを。

セクハラを考えるうえでの重要なポイントのひとつとして、性別によって責任や役割を分担する「性別役割分担意識」という考え方があります。「お茶出しは女性の仕事」「男性は根性があって当然」「男性は仕事、女性は家庭」など、性別による固定的なイメージのことを指す言葉です。仕事内容や配置や昇進を決める時、この意識が働いて、職場における男女間の格差をもたらす原因のひとつになるだけでなく、セクハラのニュアンスを含んでいます。

このケースの会話は男性・女性という表現は出てきたものの性別役割分担意識によるセクハラとただちに判断できるものではありません。しかし、男性優位の価値観を持っていると受け取られてもしかたがないものです。現に、話を聞いた本人は嫌な印象を受けています。セクハラの芽になり得る発言です。

相手がセクハラにつながるような会話をしてきた場合、ビジネスの関係上、それを正面から拒絶するのは難しいかもしれません。しかし、同席している上司にはグレーゾーンを回避することが求められます。

たとえば、「弊社の社員は全員優秀です。非常にがんばってくれていて、将来に期待が膨らみます」というように、「社員全員」を対象にした言い方に置き換えて話すと、性別に言及しなくてすむためグレーゾーンを回避できます。

たとえセクハラにならなくても、性別の違いを話題にするのはできるだけ避けるべきでしょう。性別をことさらに話題にすることは現代の価値観には合いません。あるべき姿は、性別の違いではなく、個人の能力の違いで役割分担を決め、評価をすることです。性別に関係なく全員が前向きに働ける雰囲気を、上司が中心になってつくっていくことが大切です。

🔑 Point

● 性別役割分担意識にもとづく発言はセクハラの芽になる。

● 性別の違いを話題にするのは現代の価値観には合わない。

● 個人の能力を判断基準にして役割分担を決め、働きやすい職場づくりを。

CASE 39 深夜勤務は……

丸山さんも自分と
同じ仕事ができるのに……
どうして深夜勤務は男性だけなんだ

高田くんは、社内システムのメンテナンスをする協力会社の作業に立ち会う業務のため、深夜勤務をしています。高田くんの部門には女性社員もいますが、深夜勤務は決まって男性社員です。同じ仕事ができる同僚の丸山さんには、一度も深夜勤務の指示が出ていません。

高田くんは「男性だけが深夜勤務をするのは不公平だ」と感じています。上司に話したところ、「申し訳ないけど、丸山さんは家庭の都合でお願いできないんだ。理解してほしい」と言われましたが、納得がいきません。

| Thinking Time | どのような点が、ハラスメントの芽に当たると思いますか？また、どうすればグレーゾーンを回避できるでしょうか？自分の考えを書いてみましょう。 |

女性には法的な配慮措置がある。
さまざまな理由を考慮して、良識ある言動を。

女性であっても、男性と同様に深夜勤務をすることは可能です。深夜勤務は男性がするものというイメージがあるかもしれませんが、労働基準法では、雇用における男女の均等な機会や待遇を確保するために、男女での違いなく、深夜勤務ができるとされています。

しかし、夜間の通勤や人が周りにいない職場での業務などは、危険が潜んでいるため、女性に対してはより一層の配慮が必要になります。

男女雇用機会均等法では、深夜勤務をする女性への措置を講ずるように定めています。通勤時の安全の確保、勤務時に女性が一人にならないようにするといった安全面の確保や、育児や介護をする人への配慮に努めるようにと言及されているのです。

このケースでは、深夜勤務は決まって男性社員が命じられるため、勤務についていた男性社員が「男性だからというだけで不公平だ」と不満を感じています。

しかし、今回の場合、上司は同じ部門にいる女性社員が深夜勤務をすることは「家庭の都合でお願いできない」と言っています。同じ部門の女性社員には育児や介護などの都合で勤務できない理由があるのです。性別役割分担意識にもとづき男性のみに深夜勤務を行なわせているわけではありません。

会社が安全の確保や社員個々の事情を考慮するのは、ごく当たり前のことです。その前提に立ち、自分に与えられた仕事をしっかりとやり切るのも社員として重要だといえるでしょう。

🔑 Point

- 男性・女性関係なく深夜勤務に従事することは可能。
- 性別を理由に配置を限定すると性別役割分担意識のセクハラに。
- 安全の確保や個々の事情を考慮するのは会社として当たり前のこと。

CASE 40 フォローの理由が……

は細やかな配慮はできるが決断や引っ張ることが苦手なようだ

男の君が足りない部分をフォローしてくれないか

わかり……ました

増田部長は杉山係長を席に呼んで、こう話しました。
「大塚課長は、細やかな配慮はできるが、決断したり、メンバーを引っ張ったりするのが苦手なようだ。男性の君が足りない部分をフォローしてくれ」
杉山係長は、「わかり……ました」と戸惑いながら返事をしました。

Thinking Time
どのような点が、ハラスメントの芽に当たると思いますか？
また、どうすればグレーゾーンを回避できるでしょうか？
自分の考えを書いてみましょう。

「男性は」「女性は」という性別イメージからくる言動はNG。得意不得意は全員で補い合う意識を。

性別による「男性は根性がないといけない」「女性は細やかな気遣いが得意だ」という固定的なイメージは、性別役割分担意識にもとづくセクハラにつながりかねない考え方です。こうした考えが根底にあると、無意識のうちに周囲の人をそういう目で見てしまい、性別でその人のことを判断してしまいかねません。もし、自分が性別の固定的なイメージを持っているのであれば、その考えを改める必要があるでしょう。

　今回のケースでは、部長が男性の係長に対して、女性の課長のフォローをするように指示をしていました。その理由は、女性の課長が「決断したり、メンバーを引っ張ったりが苦手」というものです。部長の発言がここまでで止まっていれば、性別役割分担意識によるセクハラとはいえません。

　しかし続けて、「男性の君が足りない部分をフォローしてくれ」と言っています。この「男性の君が」という言葉は、裏を返せば「課長が女性だから」という意味合いが含まれていたといえるでしょう。この言葉があるために、性別の固定的なイメージを持った発言と捉えられてしまう可能性が出てきます。部長の発言にはセクハラの芽が存在していたのです。

人には得意不得意があります。得意なところを活かす一方で、不得意なところは周りのメンバーの力で補い合って、仕事に取り組んでいくものです。そして上司には、部下の得意不得意を見極め、適切な支援をできるようなアプローチが求められます。その際の判断の基準は、部下一人ひとりの個別の特性です。性別によるイメージは捨て去り、一人ひとりと向き合うようにするのが理想的な姿ではないでしょうか。

🔑 Point

- 自分が性別の固定的なイメージを持っているのであれば、すぐに改める。
- 不得意なことは周りのメンバーの力で補い合う。
- 性別によるイメージは捨て去り、部下一人ひとりと向き合うことが重要。

CASE 41 会社のスマホを使って……

杉田課長は、会社から貸与されたスマホを使って部下と仕事の連絡を取り合うことが頻繁にあります。一週間ほど前、部下の新井くんに仕事の連絡をした流れで、雑談のような内容のメッセージを送りました。それ以降、新井くんとのメッセージが続いている状態です。スマホという気軽さもあり、杉田課長は「おはよう。今日もよろしくね」「今日は遅くまでがんばっていたみたいだね」「休みの日は何をしているの?」という仕事には関係のない内容も送っています。新井くんは、相手が上司ということもあり返事をしていますが、正直、困っています。

Thinking Time

どのような点が、ハラスメントの芽に当たると思いますか?
また、どうすればグレーゾーンを回避できるでしょうか?
自分の考えを書いてみましょう。

スマホにまつわるセクハラが多発。
正しい使い方、相手との関係の見極めが重要。

スマートフォンは生活に強く根付き、なくてはならないものです。それは仕事でも同様で、通話だけでなく、メッセージのやり取りやファイルの送受信、スケジュールの管理など、さまざまな用途で使われています。会社として社員にスマホを貸与しているところも多いでしょう。

そうした背景からスマホにまつわるトラブルが多発しています。今回のケースのように仕事には関係のない内容のメッセージを送るというものです。その内容が性的なものであれば即セクハラとなりますが、今回のような業務に関係のない私生活に言及するメッセージも文脈によってはセクハラになり得ます。また、その回数にも注意が必要です。頻繁にメッセージを送っていれば、やはりセクハラの可能性が出てくるのです。

また、部下が返事をしてくるのは、相手が上司だからという場合もあります。つまり、断りたくても断れない職場の力関係が働いている可能性があるのです。返事が来るからといって、相手が受け入れてくれていると安易に思い込むのは危険です。相手との人間関係をよく見極めてからの行動が欠かせません。

今回のケースは、もうひとつ重要な問題があります。上司が使っていたのは、会社から貸与されたスマホだということです。会社が社員に貸与するのは業務で必要だからです。仕事とは離れたプライベートな使い方は、本来認められていません。会社の資産を私的に使用している服務規定違反だと指摘される可能性もあります。上司としてふさわしくない行為です。

上司は部下の手本となるべき存在です。安易な行動は厳に慎み、上司としてふさわしい姿を意識していきましょう。

🔑 Point

- 内容や回数によってはスマホのメッセージもセクハラになる。
- 部下が返事を返してくるのは職場の力関係が働いている可能性もある。
- 会社の資産を私的に利用するのは服務規定違反。

CASE 42 プライベートの連絡先を……

え……
は、はい

普段使ってる
連絡先を
教えて！

会社のスマホで
連絡はとれるのに……
なんでわざわざ
プライベートの
連絡先を教えないと
いけないんだろう……？

小山くんは、先輩の平野さんからプライベートの連絡先を聞かれました。しかし、仕事のことであれば会社から貸与されているスマホを使えばいつでも連絡が取り合えます。加えて、小山くんはプライベートで連絡をする用件はないと思っています。しかし、相手は先輩です。断ると角が立つと思い、しぶしぶ連絡先を教えました。

Thinking Time

どのような点が、ハラスメントの芽に当たると思いますか？
また、どうすればグレーゾーンを回避できるでしょうか？
自分の考えを書いてみましょう。

プライベートの連絡先を社員同士で交換することはよくある。ただし、連絡の頻度や内容は相手との関係性を見極めて。

社員同士でプライベートの連絡先を交換し合う行為は珍しいことではありません。会社から貸与されているスマートフォンなどは、あくまでも業務用であり、プライベートの内容を連絡する手段ではないからです。

　しかし、プライベートの連絡先を会社の人に聞かれ、「プライベートに介入されるのではないか」「仕事の連絡が来るのではないか」という不安もあり、その対応に困っている人は少なくないようです。実際に、頻繁に連絡が来るようになった、仕事の連絡がプライベートのスマートフォンに届くようになったというケースもあります。連絡を受け取る側次第では、人間関係のトラブルに発展する可能性があるということは認識しておきたいものです。

　今回のケースでは、女性の先輩が男性の後輩にプライベートの連絡先を聞いていました。後輩は戸惑った様子でしたが、先輩との社内での関係もあり、しぶしぶ交換をしていました。もし、先輩が交換を強要していたのであれば、パワハラの芽もあったかもしれませんが、今回のケースでは、ただちにパワハラになる可能性は低いといえます。

　また、今後、男性の後輩が望まないのにもかかわらず、女性の先輩が自分の都合のみで頻繁にプライベートの連絡を入れるようなことがあれば、セクハラになり得る可能性もあります。

　しかし、人間関係を深めていくには、社外でのコミュニケーションも必要でしょう。その場合には、連絡の頻度や内容について、相手との関係性をよく見極め、相手の気持ちにも配慮することが大切です。お互いに安心した付き合いができるように注意しましょう。

🔑 Point

- 連絡先の交換を強要するとパワハラになり得る可能性がある。
- 連絡の頻度や内容によっては、セクハラに該当する場合もある。
- 相手との関係性や気持ちに配慮して、対応することが大切。

CASE 43 プライベートのＳＮＳに……

藤本くんは、取引先の河野さんから「ＳＮＳを見つけたから承認申請をしておいたよ」と言われました。藤本くんはＳＮＳを完全なプライベートの場として使っていましたが、取引先との関係を考え、しかたなく許可をしました。
以降、投稿にこまめにコメントを入れてくるだけでなく、「投稿していたカフェ、今度案内してください！」というダイレクトメッセージまで来るようになったのです。藤本くんは、困っています。

| Thinking Time | どのような点が、ハラスメントの芽に当たると思いますか？また、どうすればグレーゾーンを回避できるでしょうか？自分の考えを書いてみましょう。 |

SNSは便利なツールだが、トラブルのもとにも。慎重な判断と行動がセクハラ防止には欠かせない。

情 報収集や発信のツールとして、あるいはさまざま人とのつながりを持つ場として、SNS（ソーシャル・ネットワーキング・サービス）は多くのネットユーザーの日常生活の一部になっています。しかし、使い方によってはセクハラやパワハラにつながりかねないため慎重になる必要があります。ケースの事例にはいくつかのハラスメントの芽が存在していました。どういうトラブルになるのか詳しく考えていきましょう。

　まず、承認申請をするケースです。プライベートと仕事を切り分けたい人にとってはプライベートでつながること自体に抵抗があります。しかし、上司や取引先などの利害関係がある人からの申請は断りにくいのが一般的な感覚です。承認をしつこく強要するとパワハラにもなりかねません。承認申請は、相手との関係性を考えて慎重に判断すべきです。

　次に、投稿内容にコメントを書き込むケースです。当然、性的なコメントを書き込めば即セクハラですが、そうでなくても相手はプライベートを覗き見されている感覚を持ってしまうでしょう。また、ケースでは、取引先が「カフェに連れて行って」というダイレクトメッセージを送っています。冗談のつもりかもしれませんが、受け取る相手によってはセクハラになる可能性があります。

職 場以外の場でのプライベートな関わりは、慎重な判断が大切です。相手がどう感じるかと想像して、安易な行動をとらないようにしましょう。また、ケースの男性社員の立場であれば「プライベートだけにしているので」と承認を断るのもハラスメント防止策のひとつですが、現実には難しいでしょう。だからこそ、相手を困らせないようにすることが大切になります。

🔑 Point

- SNSは使い方によってはセクハラやパワハラになってしまう。
- 利害関係があると、相手は断りにくいことを知っておく。
- 相手を困らせないような発言をすることがセクハラ防止には重要。

CASE 44

職場で盛り上がって……

……

子どもがさ〜

上野くんは、子どもが生まれたばかりで、すっかり子煩悩になっています。会社でも子どもの話ばかりしており、周りの人も上野くんの子どもに関心があり、写真を見て「かわいいね」「お父さん似だね」と盛り上がっています。
ところが、武田さんはその話題には一切入ってきません。それは、武田さんは子どもができなくて悩んでいるからです。上野くんの子どもの話を聞くのがつらいと感じています。

Thinking Time
どのような点が、ハラスメントの芽に当たると思いますか？
また、どうすればグレーゾーンを回避できるでしょうか？
自分の考えを書いてみましょう。

何気ない日常会話が誰かを傷つけている可能性がある。
自分とは違う人がいるという前提を持つことが大切。

生き方が多様化し、結婚や子育てをすることが当たり前ではなくなってきました。しかし、それらに対する固定観念が根強く、ハラスメントになるような言動が存在します。

結婚をしない、子どもを持たない理由は人によってさまざまです。自分で選択した人もいれば、やむを得ない理由を持っている人もいます。このような置かれた環境の違いへの配慮が今回のケースで考えたいポイントです。

ケースでは、社員の子どもの話で職場が盛り上がっていました。それに対し、子どもができなくて悩んでいる社員は、そういう話題が出ること自体に不快感を覚えていたのです。

もし、職場の人の会話の内容が「子どもを持つべきだ」という考え方を押し付けるものや「まだ子どもできないの？」とプライベートに踏み込むものであれば、セクハラになっていたと考えられます。

今回のケースは、そうしたセクハラ的な発言はなく、日常会話の範疇だといえます。しかし、不快な気持ちになった人がいたということには意識を向けておきたいものです。

職場にはさまざまな人がいて、さまざまな思いを抱いています。そして、それぞれの置かれた環境は違います。したがって、自分と違う人がいるのが当たり前という意識を持ち、多方面への配慮が欠かせません。一人ひとりがそうした意識を持つだけでも、職場の雰囲気はさらに良くなるでしょう。ただし、特別な配慮をしてもらいたくないという感覚を持っている人がいることも忘れないでください。

🔑 Point

- 人によって生き方はさまざまであり、置かれた環境への配慮が欠かせない。
- 日常会話であっても、人によっては不快な気持ちになると理解しておく。
- 自分とは違う人がいるのが当たり前という意識を持ち、多方面への配慮を。

CASE 45

「世代」で括ってからかう発言を……

セクハラ

野口さんと千葉くんは「おじさんて……」「おばさんは……」と、ことさらに年齢のことを取り上げ、中高年世代のことをからかうような発言をして盛り上がっていました。
たまたまそこを通り過ぎ、話を聞いてしまった「中高年世代」の松井部長は嫌な気持ちになりました。

Thinking Time

どのような点が、ハラスメントの芽に当たると思いますか？
また、どうすればグレーゾーンを回避できるでしょうか？
自分の考えを書いてみましょう。

「○○世代」を使う時には注意が必要。相手に不快感を持たれる可能性がある。

同じ時期に生まれた人たちを世代ごとの特徴によってひと括りにした表現があります。「団塊世代」「バブル世代」「就職氷河期世代」「ゆとり世代」などがよく聞かれる表現です。そして、「○○世代だから主体性がない」「○○世代はプレッシャーに強い」などの特徴とセットで使われることが多くあります。

これらの言葉は時代の特徴を表現するものであり、善悪の意味合いを持つものではありません。しかし、実際にこうした言葉を使う場合は注意が必要です。相手によっては、その世代に属することを快く思っていない可能性があります。あるいは、文脈によっては、偏見を持たれていると相手が不快に感じることもあるでしょう。とくに、年齢に言及するような文脈で使われることが多いため、セクハラの観点でも使用には気をつけなければなりません。

今回のケースは、若い社員が、一定の年齢以上の人たちを「おじさん」「おばさん」などと人格を認めない呼び方でからかっていたのです。その世代に該当する上司が話を聞いて嫌な気持ちを覚えていましたが、それは当然といえます。自分たちと違うからといって、小馬鹿にするような発言は避けなければなりません。

また、「おじさん」「おばさん」という呼び方は、年齢をネガティブに捉えていることを露骨に表現するものです。たとえ、揶揄する意味で使っていなくても、相手の受け取り方によってはセクハラになりかねないため注意が必要です。

こういう発言をしている部下がいたとしたら、上司としては注意をするべきです。知らず知らずのうちに多くの人を傷つけている可能性を伝えてください。誰に対しても、敬意を持って接することがセクハラを防ぐ対策のひとつです。

🔑 Point

- 「○○世代」という表現を使う時には十分な注意が欠かせない。
- 揶揄する意味で使っていなくても、相手の受け取り方によってはセクハラに。
- 上司として、部下の安易な発言を注意するべき。

第 5 章

マタハラの
グレーゾーン

― 第5章　掲載内容 ―

CASE 46 看護休暇の取得を……

マタハラ

岩崎さんは、菅原課長と子どもの看護休暇について話しました。岩崎さんが、「予防接種があるので来月の下旬にとる予定です。日程は、病院の予約次第なので決まっていません」と伝えたところ、菅原課長から「では、可能であれば二十五日は出社してほしいの。重要な戦略会議があるから。でも、できればでいいよ」と言われました。岩崎さんは、「できればって言うけど、そう言われたら休みにくいよ」とプレッシャーを感じています。

Thinking Time

どのような点が、ハラスメントの芽に当たると思いますか？
また、どうすればグレーゾーンを回避できるでしょうか？
自分の考えを書いてみましょう。

129

労働者への意向確認はハラスメント行為にはならない。 ただし、部下が重く受け止める場合もあるため注意。

看 護休暇は、育児・介護休業法で定められた小学校に入る前の子どもの看病などのための休暇で、有給休暇とは別に一年に五日（二人以上は十日）まで取得できます。そして、会社側には取得の拒否や有給休暇のような変更を求める権利は認められていません。ただし強要しないという条件付きで日程の相談は可能とされています。

今回のケースでは、部下は上司の言葉を重く受け止めプレッシャーを感じています。その点では、マタハラの芽であるといえるでしょう。

しかし、上司は「可能であれば」「できれば」と特定の日を避けることを強要しているわけではなく、部下に日程の決定を委ねています。したがって、このケースはマタハラにならないと考えられます。

反 対に、次のような言い方をすればマタハラになります。マタハラになる言い方を理解しておくことも重要な防止策のひとつです。

「二十五日か……。その日は外せない商談があるから避けてくれ」

「営業として月末は数字の詰めをしないといけないから、看護休暇は月初にとるように」

このような言い方は看護休暇の取得を制限したとして、マタハラになる可能性が高いものです。自分がこういう言い方をしていないか振り返ってください。また、たとえマタハラにならなくても、ケースのように上司の言い方を部下が気にする場合があるため、配慮が大切です。

育児をしながら仕事をしている社員にとって、上司のサポートはもちろん、職場の人のサポートが欠かせません。そうした配慮がマタハラ防止には大切なのです。

🔑 Point

- ● 看護休暇は、取得拒否や日程変更の権利が会社にはない。
- ● 看護休暇の取得を阻害する言動はマタハラになる可能性が出てくる。
- ● 部下は上司の言葉を気にする場合があるため、配慮が必要。

CASE 47 仕事を制限していると……

木下さんは、育休から復帰して二ヵ月目です。育児のために短時間勤務制度を利用しながらも、バリバリ働きたいと気合いが入っています。

ある日、産休・育休前に自分で立ち上げた仕事について「あの仕事の特性から急な変更や終業後の依頼など、短時間勤務では、時間的にも対応できないこともあるし、対応が難しいケースもあるだろう。去年、代役をした佐野くんに今年もしてもらう」と久保部長に告げられました。

復帰した今年は自分がするつもりでいた木下さんは、「短時間勤務だからってやりたい仕事ができないのは……」と不満を感じていました。

 Thinking Time

どのような点が、ハラスメントの芽に当たると思いますか？
また、どうすればグレーゾーンを回避できるでしょうか？
自分の考えを書いてみましょう。

仕事の割り振りを考えるのは上司の役割。
ただし、判断や伝え方にはやる気をなくさないような配慮を。

育 児・介護休業法では、制度利用者に対して行なわれる嫌がらせなどによって、就業環境が害されることがないよう事業主に防止措置を義務づけています。

このケースでは、部下は仕事をしたいと意欲的でしたが、上司は部下には負担が大きいからと他のメンバーに割り振りをする相談をしていました。ところが、本人にとって制度利用を理由に仕事が制限されるのは不本意なことでした。実際に、上司の発言に不満を感じています。制度利用を阻害するマタハラの芽があったのです。

チ ームの仕事が円滑に進むように、部下の仕事の割り振りなどの調整をするのは上司の仕事です。仕事の特性から本人への負担が大きすぎること、急ぎの対応ができずに仕事が滞る可能性があることを考え、他のメンバーに仕事を割り振ることにした上司の判断は妥当だと考えられます。

しかし、今回、上司が部下に対して決定事項として一方的な通知をしたために、部下が不満を感じていた点は反省すべきです。本人の気持ちを受け止めたうえで、勤務時間に合わせた最適な仕事の割り振りを検討し、本人と相談のうえで決めていれば、部下の不満は軽減されていたでしょう。

マタハラを考えるうえで大切なのは、仕事も育児もがんばりたいと奮闘している人への配慮です。本人が不安や不満を抱えないように気をつけるのはもちろん、不満を抱えてしまった場合のフォローも欠かせません。そして、当事者だけでなく、チームのメンバーにも制度に対する理解を求め、チーム全体で助け合えるチーム運営を目指していきましょう。

🔑 Point ─────────────────────────

● 育児のための制度利用を妨げる言動は、マタハラになるため注意が必要。
● 決定事項だからと一方的に伝えるのではなく、相手への配慮を。
● 当事者だけでなく、メンバーにも制度への理解を求めることも大切。

CASE 48 育児をする男性に……

野村くんには、一歳半になる子どもがいます。共働きで、保育園の送り迎えや子どもの体調不良の時の迎えなど、奥さんが対応できない時に早く帰ることもしばしばです。また普段も、定時に帰宅し、子育てや家の用事をしています。一方、野村くんは、仕事に影響が出ないようにと、かぎられた時間で効率的に仕事を進めています。そのような野村くんに、周囲の社員は「奥さんに任せたらいいのに」「今日も早く帰って……」と思っているようです。

 Thinking Time

どのような点が、ハラスメントの芽に当たると思いますか？
また、どうすればグレーゾーンを回避できるでしょうか？
自分の考えを書いてみましょう。

今は男性も育児に参加する時代。
そうした社員に対して、応援する気持ちを。

共働きの家庭が増えているなか、夫婦で協力し合いながら育児をするのは特別なことではありません。そうしたなか、育児をする男性に対するハラスメント、いわゆるパタニティハラスメントの事例が数多く存在しています。

パタハラとは、男性が育児参加を通じて自らの父性を発揮する権利や機会を、職場の上司や同僚などが侵害する言動のことです。その典型例には、育児休業の取得を拒む、制度利用をしていることで会議に参加させないなどの嫌がらせをする、制度利用を理由に不当な降格を命じるといったケースがあります。マタハラと同様に、現代の職場の解決すべき課題のひとつとなっています。

パタハラが生まれる背景には、「性別役割分担意識の押し付け」「上司や同僚の理解不足」があります。たとえば、古い価値観が邪魔をして育児に参加する人のことを理解できない人、あるいは育児に関する会社の制度を理解していない人もいます。そうした理解不足がパタハラを生んでしまうのです。

ケースの男性社員は、共働きの奥さんと協力して一生懸命に育児をしていました。また、仕事も周りに迷惑をかけないようにと、かぎられた時間で努力をしています。ところが、周囲の社員は、口には出さないものの、彼に対してマイナスの感情を持っていたのです。これは、パタハラの芽だといえるでしょう。

価値観が違うことはしかたありません。しかし、所定の勤務時間内に工夫をしながら一生懸命にがんばっている社員を応援する気持ちも、同じ職場の仲間として持ちたいものです。そうした温かく、かつ働きぶりを認める姿勢は、本人にとって心強く、意欲の向上や働きやすい職場風土にもつながるのです。

🔑 Point

- ● パタハラも現代の職場の解決すべき課題のひとつ。
- ● 育児や制度利用への理解不足がパタハラを生んでしまう原因に。
- ● 育児や家事をがんばっている社員を応援する気持ちが大切。

CASE 49 気の遣い方が……

松尾さんは妊娠中で、産休をふた月後に控えています。上司たちは、松尾さんの健康に対して気を遣い、一日に何回も「負担がかかるといけないからね」と言ってサポートをしてくれています。ある日、松尾さんは上司から「売上の大きいクライアントを引き継いでほしい」と言われました。松尾さんは「休みに入る前に取引の完了するところは自分で」と提案しましたが、「大きいところほど要求が高く、負担になるかもしれないから」と聞き入れてもらえません。松尾さんは「仕事をやり切りたいのに」と上司の判断が不満です。

 どのような点が、ハラスメントの芽に当たると思いますか？また、どうすればグレーゾーンを回避できるでしょうか？自分の考えを書いてみましょう。

妊娠中の女性への配慮は欠かせない。
ただし、行きすぎた配慮はすれ違いの原因になるため注意。

妊娠をしている時は、急な体調の変化などが起こりやすく、本人も不安を抱えています。心身ともに健康な状態を維持してもらうための配慮は、上司のみならず、職場全体で必要です。ところが、本人と上司の配慮の加減にギャップがある場合、すれ違いを生んでしまう可能性があります。

ケースでは、産休を控えた部下に、上司たちは本人の心身の健康状態を気にかけ、ことあるごとに配慮していました。このこと自体は素晴らしい対応です。

しかし、休業前の仕事の分担と引き継ぎの進め方に本人は疑問を感じました。結果的に「仕事を制限されている」という受け取り方をしており、マタハラの芽が存在していたといえるでしょう。ここでのポイントは、体調面への配慮と業務のスムーズな進行のバランスをとることです。

体調については、本人と相談するのが基本です。一方的に決めつけると、相手の不満につながります。もちろん、明らかに体調が悪そうな場合は、きちんと説明をして仕事の制限をかける必要があります。

業務のスムーズな進行については、客観的な判断がポイントです。たとえば、休業後も続く仕事など、あらかじめ他の人に引き継いだほうがいいという場合などがひとつの基準となります。ケースの場合、売上ではなく仕事の期間を基準にしていれば、合理的に説明ができたといえます。

さまざまな不安を抱えている当事者へのサポートは、ケースバイケースで判断をしていくしかありません。行きすぎた配慮は時にすれ違いや誤解を生むこともあります。大切なのは、「善意」や「気遣い」が合理的に説明でき、誰から見ても納得のいくものであるということなのです。

🔑 Point

- 配慮は大切だが、本人の感覚とのギャップがあるとすれ違いにつながる。
- 体調面への配慮と業務のスムーズな進行のバランスをとることが重要。
- 善意や気遣いは誰が見ても納得のいくものになるように考える。

制度利用者本人が……

菊池さんは、育児のために短時間勤務制度を利用しています。
几帳面な性格の菊池さんは、帰社時間ちょうどになったらかならず帰社します。
そのために、帰社時間の五分前くらいからは片付けを始め、時間が過ぎそうな
仕事は案件に関わらず翌日に回します。その結果、締め切りに間に合わせるた
めに、周りの人が対応に追われることも少なくありません。フォローしてもらっ
ていることを菊池さんは知っていますが、「私は時短勤務だから」と、とくに
気に留める様子はありません。

Thinking Time

どのような点が、ハラスメントの芽に当たると思いますか？
また、どうすればグレーゾーンを回避できるでしょうか？
自分の考えを書いてみましょう。

フォローを当然と思うのは、周囲の人の反感を買う。
フォローしている仲間への配慮や感謝の気持ちを忘れずに。

育児のための制度利用は、育児と仕事を両立させるうえで欠かせないものです。ところが、制度を利用している本人が「制度利用は当たり前」という態度をとっていると、周囲からの反感を買ってしまう場合があります。

このケースは、まさにその典型例です。短時間勤務制度を利用している社員が、帰宅時間を厳密に守るために時間前から片付けを始め、仕事を翌日に回していました。その結果、周囲の人への負担が増えていました。しかし、本人には周りに対する感謝の気持ちはなく、当然のことと思っていたのです。

こうした態度は、周囲の人の不満を生み、制度利用に対する否定的な言動を招いてしまいます。つまり、彼女自身がマタハラの原因をつくり、マタハラが生まれやすい職場風土にしてしまっているのです。

子どもは急に熱を出すなど体調が変化しやすく、親としては心配がつきません。気持ちに余裕がなくなり、制度を利用することを当然のように思ってしまいがちです。しかし、仕事の引き継ぎもせず帰宅したり、休んだりすると、周囲の負担は増えるばかりです。制度が利用できるのも周囲のサポートのおかげです。職場の仲間への配慮や感謝の気持ちを忘れてはいけません。

また、上司はそういう場面に遭遇したら、本人と話し合う必要があります。仕事の状況を聞き出し、本人の気持ちに寄り添った適切なサポート体制を整えてください。また、周囲の社員へのケアも忘れてはいけません。

制度を利用する人も、利用者を支える人も気持ち良く働ける職場風土が理想です。その実現のために、コミュニケーションの量を増やして、相互理解を深めていきましょう。

🔑 Point

● 利用者へのフォローは当たり前という態度は周囲からの反感を買ってしまう。

● 制度利用者の言動が、マタハラが生まれやすい職場の原因になる場合も。

● 本人と話し合うだけでなく、周囲へのケアも忘れずに。

MEMO

【監修者プロフィール】

河西 知一（かさい・ともかず）
社会保険労務士法人トムズコンサルタント代表社員
特定社会保険労務士

大手外資系企業などで財務・人事部門の管理職を経験の後、社会保険労務士資格を取得し、平成 8 年 4 月河西経営労務管理事務所を設立、その後平成 22 年 1 月に社会保険労務士法人トムズコンサルタントを設立。上場企業から中小企業まで幅広く人事労務問題・賃金に関するコンサルティングを手掛けている。銀行系総研での明快な講義と懇切な指導には定評がある。

小宮 弘子（こみや・ひろこ）
社会保険労務士法人トムズコンサルタント役員
特定社会保険労務士

大手都市銀行本部および 100％子会社で、人事総務部門を経験の後、平成 15 年河西経営労務管理事務所に入所。人事・労務管理に関する相談、人事・労務問題のトラブル解決、諸規程及び賃金・評価制度の改定をはじめ、社内制度全般のコンサルティングを中心に行なう。

■ 本文イラスト　　酒井由香里（オズプランニング）
■ 本文デザイン　　オズプランニング

ケーススタディ５０

［書籍版］上司のハラスメント
職場からグレーゾーンをなくす！

2021年1月7日　第1版第1刷発行

■ 監　　　修　　河西知一　小宮弘子
■ 発 行 者　　櫛原　吉男
■ 発 行 所　　株式会社ＰＨＰ研究所
　　　　　　　　〒601-8411　京都府京都市南区西九条北ノ内町11
　　　　　　　　内容のお問い合わせ＜産業教育制作部＞　　TEL 075-681-5040
　　　　　　　　販売のお問い合わせ＜普及グループ＞　　　TEL 075-681-5419
■ 印 刷 所　　図書印刷株式会社

ＰＨＰ人材開発　https://hrd.php.co.jp/
新入社員教育から経営者研修まで、人材開発をトータルにサポートします。